EMPFEHLUNGEN

Das Versprechen des Vaters von Robert Prakash ist eines der besten Bücher, das ich je über die Person des Heiligen Geistes gelesen habe. Es wird für jeden eine große Hilfe sein, der mehr über den Heiligen Geist und seinen Dienst hier auf der Erde erfahren will. Das Buch ist sehr gründlich und es ist ein Muss für jeden, der im Heilungsdienst ist, oder der mehr vom Heiligen Geist haben will. Robert widerlegt viele falsche Annahmen, die wir über den Heiligen Geist haben und offenbart sein Werk in der Gemeinde und in der Welt.

Mark Anderson - Evangelist, Autor und Sänger

Es war mein Privileg, Robert als einen hingebungsvollen Jünger Jesu Christi aufwachsen zu sehen. Ich kennen ihn seit den Tagen, wo er errettet wurde, bis hin zu der Zeit, als er seinen Dienst in den Nationen begann. Das Buch wurde nicht in den Elfenbeintürmen weltfremder Intellektueller geboren, sondern in den Schützengräben des Dienstes in der Welt. Seine Leidenschaft für Jesus Christus und das Reich Gottes fließt aus den Seiten dieses Buches. Ich bete, dass du bei der Lektüre dieses Buches die Fülle Gottes erlebst!

Phillip O'Reilly -
Senior Pastor der Rock-Gemeinde; Kansas City

Robert ist ein Suchender. Er sucht die Gegenwart des Herrn mehr als alles andere. In diesem Buch erklärt er die tiefen Geheimnisse des Heiligen Geistes auf eine einfache und verständliche Weise. Er lehrt keine Theorie, sondern er hilft den Gläubigen seine Gegenwart zu erfahren. Das Buch behandelt das Thema ausführlich und umfassend. Es ist das Ergebnis der engen Beziehung des Autors mit der Person des Heiligen Geistes.

Sachin Gupta –
Pastor der New Life-Gemeinde, Indien

Gerne empfehle ich dieses Buch jeder Gemeinde, die die Fülle des Heiligen Geistes erleben will. Mit praktischer Weisheit und Erkenntnis spricht Robert über die herrliche Dimension des Heiligen Geistes. Er legt eine starke Betonung auf die Entwicklung einer vertrauensvollen Beziehung mit dem Heiligen Geist. Da ich Robert kenne, weiß ich, dass das Buch aufgrund seiner zahlreichen Begegnungen mit dem Heiligen Geist entstanden ist.

Bachitter Singh –
Leitender Pastor der Baptistengemeinde Abohar, Indien

Das Versprechen des Vaters

Robert Prakash

IMPRESSUM

The Father's Promise

ISBN 978-1-522-87880-3

Deutsche Ausgabe:

Marienburger Str. 3
71665 Vaihingen/Enz
eMail: verlag@grain-press.de
Internet: www.grain-press.de
Übersetzung aus dem Englischen: Cora-Elisabeth Lüpnitz
Satz: Grain-Press
Cover: Grain-Press

ISBN 9783947454464
Art. Nr. 3598546

INHALT

WIDMUNG

Ich widme dieses Buch meinem geistlichen Vater, Mentor und gutem Freund Ben Baird. Ich stehe immer in deiner Schuld für deine Geduld, Güte, Liebe und Disziplin. Seit meiner Bekehrung waren deine Fürsorge, Gebete, Liebe und dein Vertrauen in mich Säulen, die mich stark gemacht haben.

Seitdem ich dich kenne und von dir lerne, habe ich oft erlebt, wie du dich selbst verleugnet und mir Gelegenheit über Gelegenheit gegeben hast, damit ich wachsen kann und zu dem werde, wozu Gott mich bestimmt hat. Du hast nie versucht, mich nach deinen Vorstellungen zu formen, sondern deine beständige Liebe ermutigte mich den Weg zu finden, den Gott für mein Leben bestimmt hat.

Ich kann mir mein geistliches Leben ohne dich nicht vorstellen. Dies Buch ist das direkte Ergebnis deines Dienstes in meinem Leben. Ich liebe dich!

Robert Prakash

DANKSAGUNGEN

Besonderen Dank an Jesus, meinen Herrn und Retter, der mich geliebt hat, als ich mehr als hoffnungslos und verloren war. Ich bin erstaunt, dass du mich ausgewählt hast, dich in meiner Schwachheit und Fehlbarkeit zu offenbaren. Du bist wirklich erstaunliche Gnade!

Besonderen Dank an meine wunderbare Frau, Abhilasha. Deine Gegenwart, Liebe, Geduld, Güte und Selbstlosigkeit ist der zweitgrößte Segen in meinem Leben. Ich danke Gott für das besondere Geschenk, das du für mich bist. Ohne deine Hilfe, dein Zutun und deinen Rat wäre dieses Buch nicht entstanden.

Besonderen Dank an Sue Baird, Sharon Stark und L'auren Aspenlieder für die Durchsicht und das Redigieren dieses Buches. Ihr habt einen wesentlichen Anteil an diesem Werk, für den ich dankbar bin.

Besonderen Dank an Pastor Phillip und Susan O‘Reilly. Eure Leitung, euer Vorbild, eure Liebe und Fürsorge sind so bedeutend für mich. Danke, dass ihr an mich glaubt und mit mir einsteht.

VORWORT

Ich kenne Robert seit er im Teenageralter zum Jesus-Nachfolger wurde. Ich mochte ihn sofort. Er hat mir immer eines klargemacht, dass er bereit ist, anders zu sein. Nicht um etwas Besonderes zu sein, sondern um mit dem Königreich Gottes übereinzustimmen. Mir war die Person des Heiligen Geistes seit Beginn meines christlichen Lebens wichtig. Erbarmen war eine der Gaben, die der Herr mir gab. Und ich stellte fest, wie die Zusammenarbeit mit dem Heiligen Geist mir die Befähigung, die Unterscheidung und die Weisheit gab, vielen durch diese Gabe des Heiligen Geistes zu dienen. Viele Lehrer haben ihre Erkenntnis über den Heiligen Geist mit mir geteilt, und ich stehe in ihrer Schuld, aber am meisten bin ich dem Herrn Jesus Christus und dem Heiligen Geist dankbar. Ich kann gar nicht sagen, wie groß der Einfluss des Heiligen Geistes auf mein Leben war.

Robert ist ein ausgezeichneter Lehrer, ein dynamischer Kommunikator und ein leidenschaftlicher Evangelist.

Ich fühle mich geehrt, Robert als geistlichen Vater, Freund und Mitarbeiter zu kennen. Ich empfehle dieses

Buch jedem, der die Person des Heiligen Geistes kennenlernen möchte. Es wird dich befähigen, inspirieren, ausrüsten und aktivieren. Dieses Buch ist voll von Zeugnissen, herausfordernder Lehre und es erweckt das Wort Gottes zum Leben. Wenn du es liest, wirst du zu einem hingegebenen Lebensstil mit Jesus herausgefordert. Durch Erkenntnis und Offenbarung über die Person des Heiligen Geistes bekommst du Zugang zu der Kraft Gottes und die Ausrüstung zum Dienst. Wenn du „mehr" von Gott willst, ist dieses Buch für dich.

Ben Baird
Pastor „The Rock" Gemeinde Kansas City

VORWORT DER ÜBERSETZERIN

Dies Buch macht einen Riesenhunger und –durst nach mehr vom Heiligen Geist!

Deshalb habe ich dieses Buch übersetzt. Ich habe Robert, seine Familie und seinen Dienst persönlich kennengelernt. Er ist ein hingegebener, authentischer und fröhlicher Nachfolger Jesu, der das lebt, was er lehrt.

In unserer Gemeinde singen wir manchmal das Lied „Lord, do something new in my life! – Herr, tue etwas Neues in meinem Leben!" Und manchmal frage ich mich, ob wir das Neue, das Gott dann tut, wirklich wollen. So erleben wir jeder individuell wie Gott uns lehrt und führt. Vielleicht sind einige Dinge, die Robert beschreibt, für dich neu, ungewohnt oder befremdlich. Aber ich kann dir raten: „Step out in Faith – Mache einen Schritt im Glauben!"

Der Heilige Geist ist so hungrig nach einer intensiven (Liebes-)Beziehung mit dir – du auch?!

Cora-Elisabeth Lüpnitz, Hamburg

EINFÜHRUNG

Ein kleiner Einblick in das Übernatürliche

Geschichten von Wundern, Begegnungen mit Gott und der Realität des Unmöglichen, brachen durch den unbewussten Unglauben in meinem Herzen, und mein Geist begann sich danach zu sehnen. Eine Sehnsucht, die stärker war als jedes körperliche Bedürfnis, die jedes seelische Verlangen überstieg. Eine Sehnsucht, die aus dem Geist hervorbrach und jede Faser meines Seins erschütterte. Viele könnten sich lustig machen und sagen, dass diese Geschichten und Erfahrungen nur aufgebauschte Lügen sind. Aber ich habe keine Zweifel, dass diese Zeugnisse wahr sind, denn mein Geist in mir verzehrte sich nach dieser nicht gekannten Realität. Tränen rannen über meine Wangen als ein neuer Horizont der Hoffnung in meinem Herzen aufleuchtete.

Ich saß mit 400 anderen in einer Halle und hörte andächtig dem Redner zu. Aber in meinem Innern brannte mein Geist wie ein eingesperrtes Tier, heulend, und um Freiheit kämpfend. Mein Geist schrie, dass er das erfahren muss, was ich hörte. Auch wenn ich äußerlich ruhig war,

war der Schrei in mir so laut, dass ich der Botschaft nicht mehr folgen konnte.

„Herr, ich möchte diese Salbung, diese Gegenwart und Kraft! Ich möchte keinen einzigen Tag mehr ohne das verbringen! Herr, das muss ich haben!“

Dieser verzweifelte Schrei war mehr als ein normales Gebet. Er übertönte mein Denken und alles, was in mir war. Es war ein Schrei, nicht aus meinem Verstand oder meiner Seele, sondern aus den Tiefen meines Geistes. Es war ein Schrei, der mein gesamtes Wesen ergriff, so wie ein Erdbeben ganze Städte einebnet.

Das Verlangen in mir wurde so stark, dass ich Angst bekam. Ich fühlte mich getrieben, aufzustehen und laut zu rufen, um dem Ausdruck zu verleihen, was in mir brannte. Nach der Predigt gab es eine kleine Pause vor der nächsten Einheit. Während die Menschen die Halle verließen, legte ich mich auf den Boden und weinte. Auch wenn niemand wirklich wusste was in mir geschah, der Herr wusste es. Denn seine Aufmerksamkeit ist auf denen, die einen zerschlagenem und gebeugten Geist haben (Jesaja 57,15). Tränen strömten und bildeten kleine Pfützen auf dem Boden. Ich beschloss in meinem Herzen, dass ich die Konferenz nicht verlassen würde, ohne dass der Schrei meines Geistes gestillt wäre.

Ist es möglich, dass der Heilige Geist einen Menschen so einnehmen kann, dass dieselben Werke, die Jesus getan hat durch ihn Realität werden? Ist es möglich, dass Blinde sehen, Taube hören und die Krüppel gehen? Kann der Gott, den wir kennen und oft für so fern und unpersönlich halten, sich so kraftvoll in uns manifestieren, dass wir in einem Augenblick verwandelt werden? Ich wusste, dass Gott die Person nicht ansieht. Wenn er es für jemand anderes getan hatte, könnte er es auch für mich tun. Die Frage war nicht: Würde der Heilige Geist auf mich kommen? Sondern eher: Entsprechen mein Hunger und meine Verzweiflung dem unschätzbaren Wert seiner Gegenwart?

Randy Clark, ein bekannter Prediger und Lehrer, hielt an diesem Abend die Predigt. Er begann damit, dass Gott denen, die durstig sind, zu trinken gibt. Haben wir Durst nach ihm? Gesegnet sind die, die nach Gerechtigkeit hungern und dürsten, denn sie sollen gesättigt werden (Matthäus 5,6). Es gibt körperlichen Hunger, es gibt emotionalen Hunger, aber es gibt auch geistlichen Hunger. Dieser geistliche Hunger, wenn er aus dem Heiligen Geist geboren ist, ist gefährlich für deinen bisherigen Lebensstil. Wenn wir geistlich hungrig sind, haben wir eine geöffnete Tür in das Übernatürliche. Wenn du dich fragen musst: „Bin ich hungrig?" - dann bist du es wahrscheinlich nicht. Ich muss mir diese Frage nicht stellen, wenn ich körperlich hungrig bin.

Randy Clark brachte ein Zeugnis nach dem anderen, wie Gott Heidi Baker und viele andere erwählt hat, die jetzt die Nationen zur Ehre Gottes verändern. Dann kam die Zeit der geistlichen Übertragung – jeder wurde eingeladen, dem zu begegnen, der mit ewiger Flamme brennt, um uns zu Dienern seines Feuers zu machen.

Obwohl ich schon seit vielen Monaten verzweifelt war, wusste ich nicht, wie ich diese Feuer empfangen könnte. Ich las Bücher, sann über dem Wort nach und verbrachte Stunden damit, zu Gott zu schreien, dass er mir mehr gibt, aber ich fühlte mich immer noch wie der Eunuch, der Philippus antwortete: *„Wie könnte ich denn, wenn nicht jemand mich anleitet?“* (Apostelgeschichte 8,30-31).

Blitze vom Himmel

Nach der Predigt, gab Randy folgende Anweisungen: „Wir werden für jeden beten, aber wir möchten erst denen dienen, die der Heilige Geist bereits berührt hat. Wenn du Strom oder ein Feuer in deinem Körper spürst, oder wenn du die Gegenwart des Heiligen Geistes auf dir spürst, dann möchte ich, dass du zuerst nach vorne kommst.“

In dem Moment, als Randy den Heiligen Geist einlud, fühlte ich, wie ein seltsamer Strom meinen Körper erfasste. Meine Schultern, Arme, Hände und sogar meine Beine und Füße begannen zu zittern, als die Kraft in meinen Körper floss. Es war ein seltsames Gefühl. Vor dieser Begebenheit hatte ich oft die Gegenwart Gottes erlebt. Ich habe seine überwältigende Liebe gespürt und ich habe Visionen gehabt. Diesmal floss eine spürbare Kraft durch mich. Obwohl ich spürte, dass ich mich entscheiden könnte, ihm in einem gewissen Maße zu widerstehen und ich mit dem Zittern aufhören könnte, wollte ich es doch nicht. Ich wollte ihn so sehr, dass ich mich nicht darum kümmerte, wie er auf mich kommen wollte. Jede Manifestation war mir recht, solange ich nur ihn bekam.

Einen Moment später sagte Randy: „Wenn die Gegenwart und Kraft Gottes dich berührt, wie ich es beschrieben habe, komme bitte nach vorne.“ Ich versuchte nach vorne zu gehen, aber das fiel mir aufgrund des Zitterns extrem schwer. Ich schlurfte nach vorne. Als ich fünf bis sechs Meter von Randy entfernt war, streckte er seine Hand aus und rief etwas, an das ich mich nicht mehr erinnern kann. Ich war nicht bereit, für das, was geschah. Wer könnte auf einen Blitz aus dem Himmel vorbereitet sein? Wie kann ein sterblicher Körper die Herrlichkeit Gottes ertragen? In dem Moment, als Randy auf mich zeigte, traf mich eine unsichtbare Kraft mit einer unglaublichen Macht und ich flog durch die Luft. Ich schlug auf dem Boden auf und Wellen von Elektrizität gingen durch meinen Körper. Ich zitterte so stark, dass ich kaum atmen konnte. Vor diesem Ereignis schrie ich: „Mehr, Herr! Mehr! Ich muss mehr haben!" Aber jetzt dachte ich: „Oh, das ist so intensiv! Kann ich das ertragen?" Meine Beine zitterten so stark, dass meine Schuhe davon flogen und einige Meter weiter landeten.

Ich hatte keine Ahnung, um was ich eigentlich bat. Alles, was ich wusste war: Ich wollte ihn. Ich wollte, dass diese wunderbare Person, genannt Heiliger Geist, eine lebendige Realität in meinem Leben werden würde. Ich wusste, dass der Heilige Geist, theologisch gesehen, bereits in mir war. Aber Theologie reichte mir nicht, ich musste die Erfahrung machen. Alles andere schien bedeutungslos und leer. Ohne ihn zu leben ist wie indisches Essen ohne Marsala (Gewürze). Er bedeutet mir alles.

Ich lag immer noch auf dem Boden, unfähig irgendetwas anderes zu tun, als unkontrolliert zu zittern, mein ganzes T-Shirt war von Schweiß gebadet. Die Halle war ausreichend klimatisiert, aber die Kraft in mir war wie ein

Feuer. Mein Anblick muss nicht gerade friedevoll ausgesehen haben, ich schrie, zitterte, war schweißgebadet und rang nach Atem. Obwohl mein Körper mitgenommen aussah, war mein Inneres voller Frieden. Mein Körper sah aus wie die Wellen des Ozeans, die vom Hurrikan aufgewühlt werden, aber wie beim Ozean ist das Meer unter den Wellen still. Mein Geist war ruhig und voller Frieden.

Die Kraft ließ nicht nach und das Zittern hörte nicht auf. Mir tat schon alles weh und ich fragte mich, ob Gott mich verletzen wollte. Jetzt begann ich mir Sorgen zu machen und versuchte, um Hilfe zu rufen, wenn ich zwischen zwei Atemzügen Gelegenheit dazu bekam: „Herr! Nicht mehr! Mehr ertrage ich nicht!“ Aber er wusste, wie viel ich vertrug.

Wieso fallen Menschen auf den Boden und zittern, wenn der Heilige Geist auf sie kommt? Meine sachliche Antwort auf diese Frage ist: Ein sterblicher Körper kann die Schwere der Herrlichkeit Gottes nicht ertragen. Wenn er in der ganzen Fülle seiner Herrlichkeit über uns käme, wäre es aus mit uns. Ein menschlicher Körper kann einfach die Herrlichkeit der Gegenwart Gottes nicht ertragen.

Manchmal schien es, als würden die Wellen der Kraft nachlassen, doch sie nahmen kurze Zeit später wieder zu. Nachdem ich 30-40 Minuten hilflos zitternd auf dem Boden lag, erschien der Herr mir in mehreren Visionen und fing an, mit mir über seine Liebe und sein Erbarmen für die Nationen zu sprechen. Ich habe festgestellt, dass jedes Mal, wenn Gott mit seiner Kraft über mich kommt, er mir auch sein Herz des Erbarmens mitteilt. Erbarmen ohne Kraft ist Hilflosigkeit, aber Kraft ohne Erbarmen ist Selbstsucht und endet in der Suche nach der eigenen Ehre. Kraft und Erbarmen vereint sind das zweischneidige Schwert des Geistes.

Nach ungefähr 50 Minuten ließ die Kraft nach und das Zittern hörte auf. Ich lag immer noch auf dem Boden, überwältigt von der Kraft Gottes. Ich dachte: „Gut, ich glaube, ich habe bekommen, um was ich gebetet habe!" Wenn das eine echte Begegnung mit seiner Gegenwart war, dann musste es Frucht bringen. Ich liebe Begegnungen mit Gott und schätze sie, aber wenn es keine Veränderung bringt, fragte ich, wie viel davon wirklich von Gott war.

Das Unmögliche wird normal

Von da an begann ich, Schritte im Glauben zu unternehmen, die ich normalerweise nicht gemacht hätte oder für die ich nicht kühn genug war. Ich wurde nach Miraz, Maharashtra für eine dreitägige Heilungsversammlung eingeladen. Am ersten Tag kamen ca. 300 Menschen. Gott erwies sich und tat viele Wunder.

Am zweiten Tag hatten wir den Tag über frei, und so lud uns ein Freund zum Mittagessen ein. Als wir zu seinem Haus fuhren, saß ich auf dem Rücksitz seines Autos. Die Stoßdämpfer des Autos waren in einem schlechten Zustand, und so hüpften wir im Auto, während er versuchte die Schlaglöcher zu umfahren. Ich war nicht in der Stimmung zu beten oder geistlich zu sein. Ich schaute einfach aus dem Fenster. Als wir von einer Seitenstraße auf die

Hauptstraße einbogen, sah ich zwei Männer auf einer Verkehrsinsel sitzen. Diese Verkehrsinsel war rund zwei Meter breit, mit Gras bedeckt und es standen drei kleine Bäume auf ihr. Als ich die Männer sah, sprang der Heilige Geist in mir auf und ich konnte seine Aufregung spüren. Aus dem Augenwinkel sah ich, wie der eine Mann dem anderen ein Handzeichen gab.

Jetzt sprang ich aus meinem Sitz und schrie: „Stop! Stop!!“ Der Fahrer bekam Angst, weil ich so laut schrie und er stieg sofort in die Bremsen. Kreischend blieb das Auto an der Kreuzung stehen. „Was ist los?“ fragte der Fahrer. Ich wandte mich an meinen Freund Stavan, der neben mir saß und sagte: „Ich glaube, einer der Männer dort ist taub. Ich will für ihn beten.“

Wir stiegen aus dem Auto und gingen über die Straße. Zwei Männer, 27 und 28 Jahre alt, starrten uns an. Als wir zu ihnen kamen, fragte ich sie, ob ich für jemanden, der taub oder schwerhörig ist, beten könnte. Sie zeigten beide auf ihre Ohren, dann auf ihre Münder und schüttelten uns die Hände. Weil ich nicht gleich verstand, was sie mir sagen wollten, wiederholte ich meine Frage. Sie antworteten wieder mit den gleichen Gesten. Stavan schaute mich an und sagte: „Sie sind beide taubstumm, sie können weder hören noch sprechen.“

Voller Aufregung machte ich Handzeichen und versuchte ihnen zu erklären, dass ich für sie beten wolle. Sie verstanden es nicht. So machte ich einfach weiter und legte meine Finger in die Ohren des einen Taubstummen. Er schaute mich verdutzt an.

Dann betete ich: „In Jesu Namen, befehle ich, ich breche diesen Generationenfluch der Taubheit! Tauber Geist, komm jetzt aus ihm heraus!“ Ich zog sofort meine Finger zurück und machte schnalzende Geräusche neben seinem Ohr. Zu seiner Verwunderung konnte er hören und nickte mit seinem Kopf als Erwiderung auf jedes Schnippen. Ich schnalzte weiter mit meinen Fingern und entfernte mich immer weiter. Und er bestätigte, dass er es hören konnte. Dann fuhr plötzlich ein Bus vorbei und hupte. Der Mann fuhr von dem lauten Geräusch zusammen! Ich dachte: Kein Wunder, dass diese Männer hier an der lauten Kreuzung sitzen! Sie sind taub!

Dann legte ich meine Hand auf seinen Mund und befahl dem stummen Geist ihn zu verlassen. Nach dem Gebet schaute ich ihn an und sagte: „Mama, Papa!“ Er wiederholte die Worte klar und deutlich. Dann zählte ich: „5…6…7…8…9…10…11…12.“ Und jedes Mal wiederholte er die Zahl. Es war so aufregend!

Dann wandte ich mich seinem Freund zu, der ehrfurchtsvoll beobachtete, dass sein Freund jetzt hören und sprechen konnte. Dann sagte ich: „Jetzt bist du dran!“ Ich legte meine Finger in seine Ohren und betete dasselbe Gebet. Um sein Gehör zu testen, schnippte ich mit meinen Fingern, aber er signalisierte mit Gesten, dass er es nicht hören könne. Ich legte meine Finger wieder in seine Ohren und betete wieder: „Du tauber Geist, komme aus ihm jetzt heraus! Ich breche diesen Fluch! Taube Ohren öffnet euch und hört!“ Ich fuhr fort mit meinen Fingern zu schnippen, aber kein Erfolg. Er war immer noch komplett taub.

An dieser Stelle geben die meisten Gläubigen auf und werfen ihren Glauben und ihr Vertrauen weg. Satan steht im Hintergrund und flößt Entschuldigungen ein, warum der Taube nicht hört. Manche mögen sagen: „Oh, es ist wahrscheinlich nicht Gottes Wille, deshalb wurde er nicht geheilt." Oder jemand anderes denkt: „Es ist ein richtig starker Dämon und wir müssen fasten und beten, damit wir ihn austreiben können!" Oder jemand anderes sagt: „Diese Taubheit ist das Kreuz, das Gott diesem Mann gegeben hat!" All diese Gedanken sind Entschuldigungen, um nicht weiterhin an das Wunder zu Glauben. Hat Gott mich gesalbt? Ist es sein Wille alle zu heilen? Ist der Heilige Geist auf mir, um die Werke des Evangeliums zu tun? Die Antwort auf alle drei Fragen ist eindeutig: JA!

Dann legte ich zum dritten Mal meine Finger in seine Ohren und betete: „Du Teufel! Ich befehle dir herauszukommen, und ich stehe zu meinem Befehl! Verlass ihn jetzt! Taube Ohren öffnet euch jetzt in Jesu Namen!" Diesmal öffneten sich seine Ohren augenblicklich. Du kannst sofort feststellen, wenn ein Taubgeborener zu hören beginnt. Du siehst es auf seinem Gesicht und in seinen Augen. Nachdem ich für seine Zunge gebetet hatte, begann er klare Worte zu formen.

Weil sie zum ersten Mal hören konnten, verstanden sie nicht, was wir sagten. Ich wollte ihnen sagen, dass Jesus sie geheilt hätte. Nachdem ich versucht hatte ihnen das per Handzeichen zu erklären, stellte Stavan fest, dass sie in einer speziellen Schule waren, wo Taubstumme lesen und schreiben lernen. Wir schrieben auf ein Stück Papier: Könnt ihr zur Abendversammlung kommen? Es ist nicht weit von hier. Wir möchten euch eine Bibel geben. Es geht um Gott und Jesus, der euch geheilt hat.

Ihre Antwort war wunderbar. Sie schrieben: Wir werden auf jeden Fall kommen, um eine Bibel zu bekommen. Aber können wir auch alle unsere taubstummen Freunde mitbringen?

An diesem Abend wurden einige weitere Taubstumme geheilt. Es war eine wunderbare Zeit. Während dieser drei Tage konnte Blinde wieder sehen, hörten die Tauben, sprachen die Stummen und viele mit unterschiedlichen Beschwerden wurden durch die Kraft des Heiligen Geistes geheilt. Ist er nicht wunderbar? Er hat das alles getan, um den Namen Jesus zu verherrlichen (Johannes 16,14).

Ein ander Mal war ich in Unnao, Utter Pradesh zu einer dreitägigen Heilungsveranstaltung eingeladen. Nachdem ich das Evangelium gepredigt und mit hunderten von Kranken gebetet hatte, wollten wir die Versammlung beenden. Da kam eine Frau zu mir, die sehr verzweifelt war. „Kannst du für meinen Sohn beten?“ fragte sie. Ein Helfer brachte einen Jungen auf seinen Armen zu mir. Das Kind war verkrüppelt. Der Junge hieß Aazad, was in Urdu „Freiheit“ bedeutet. Aber Aazad war alles andere als „frei“. Ich bat den Jungen, auf dem Rand der Bühne Platz zu nehmen. Ich stellte seiner Mutter einige Fragen und fand heraus, dass Aazad zehn Jahre alt war und mit missgestalteten Füssen geboren wurde. Er war noch nie gelaufen und konnte allein nicht stehen.

Ich kniete mich hin und nahm seine beiden verkrüppelten Füße in meine Hände und begann zu beten: „Du Geist des Gebrechens, in Jesu Namen verfluche ich dich, binde dich, befehle dir zu weichen und breche deine Macht über die Füße des Jungen! Heilungskraft, Auferstehungskraft, fließe jetzt in diese Füße und Knöchel!" Nachdem ich kurz gebetet hatte, öffnete ich meine Augen, aber es gab nach meinem Gebet kein Anzeichen einer Veränderung. Ich nahm einen Fuß in meine Hände und versuchte ihn in eine normale Haltung zu bringen, damit der Junge vielleicht selbstständig stehen könnte. Nachdem ich alles Mögliche versucht hatte, stellte ich schnell fest, dass der Junge keine funktionierenden Knöchelgelenke hatte. Die Füße und Knöchel waren verdreht und konnten nicht begradigt werden.

Ich fuhr fort dem Jungen auf die Füße zu helfen, so dass er mit unserer Hilfe stehen könnte, aber es hatte keinen Zweck. Nach einem weiteren Gebet übergab ich ihn seiner Mutter und sagte: „Ich habe im Glauben gebetet, und ich glaube für ihn, dass er geheilt ist. Heute ist der erste Tag der Heilungsveranstaltungen. Wenn er mehr Gebet braucht, kannst du ihn an den nächsten Tagen gerne mitbringen."

Sie hatte zum ersten Mal von Jesus gehört und sie lebte rund zwei Stunden entfernt von dem Ort, wo die Heilungsveranstaltung stattfand, in einem Dorf. Sie nahm ihren Jungen und machte sich auf die lange Heimreise.

Als sie zuhause ankam, setze sie Aazad auf das Bett und ging in die Küche um zu kochen, denn es war später Nachmittag. Nach ungefähr 10-15 Minuten hörte sie Aazad laut rufen: „Mami! Mami! Komm schnell her!" Besorgt lief sie in den Flur um nachzusehen, was geschehen war. Als sie um die Ecke kam und nachsah, schaute Aazad sie an. Eine Hand auf dem Bett, die andere Hand in der Luft, um die Balance zu halten, machte er einige langsame Schritte. Dann schaute er in die Augen seiner Mutter und sagte: „Schau Mama! Ich kann gehen!“

Ich wusste von all dem nichts. Wir kamen erst spät am zweiten Abend der Heilungsversammlungen an. Als wir den Ort erreichten, sahen wir Aazad und seine Mutter vor rund 400 Menschen stehen. Sie weinte und schrie so sehr, dass es mir schwer fiel, sie zu verstehen. Abhilasha, meine Frau, die den Dialekt gut versteht, erklärte mir, was geschehen war. Dann schlug es bei mir ein: „Oh, je! Das ist der Junge!“ Wir gingen nach vorne und befragten sie. Ich untersuchte Aazads Füße, und sie waren makellos! Keine Verkrüppelung und die Knöchel waren komplett geheilt und beweglich. Aus medizinischer Sicht war das unmöglich. Gott hatte Gelenke, Knochen, Sehnen, Bänder und Muskelgewebe wieder erschaffen. Sie erzählte, dass sie viel Geld für Ärzte und Physiotherapie ausgegeben hatte, ohne dass eine Besserung eingetreten wäre, aber Jesus hatte nun ihren Sohn geheilt. Das war ihr erstes Erlebnis mit „Gemeinde“. So sollte Gemeinde für jeden sein, der kommt! Sie glauben jetzt an Jesus und besuchen regelmäßig die Gemeinde.

Ich könnte Geschichte über Geschichte erzählen, wie die Blinden sehen, die Tauben hören und viele dämonisierte Menschen durch die Gegenwart und Kraft des Heiligen Geistes freigesetzt werden. Diese beiden Zeugnisse habe ich aufgeschrieben um dir Appetit auf die Person des Heiligen Geistes zu machen. Das größte Zeugnis aber, dass ich mit dir teilen kann, ist nicht, dass die Krüppel gehen und die Tumore verschwinden, sondern es ist die persönliche Beziehung zu diesem Heiligen Geist. Mir geht es nicht um seine Kraft, obwohl sie natürlich wichtig und notwendig ist. Der größte aller Schätze ist seine Person kennenzulernen und seine liebliche Gegenwart zu genießen.

Trotz allem bin ich nicht zufrieden mit der Vertrautheit, die ich mit ihm habe. Ich möchte ihn mehr und mehr kennenlernen und ihn auf eine größere Art und Weise erfahren. Ich möchte mehr Salbung, Gegenwart und mehr Kraft. Mein Hunger bleibt, um das Einzige zu bekommen, was mich wirklich erfüllt.

In der Einleitung zu diesem Buch möchte ich dich einladen, mit mir dieses Ziel zu verfolgen. Ich möchte Dich in dem unterweisen, was ich über den Heiligen Geist weiß, aber das Abenteuer ihn kennenzulernen endet nie. Denn jeden Tag lerne ich ihn und seine Wege immer besser kennen. Lass dieses Buch ein Anfang sein, und nicht das Ende.

1

DER HEILIGE GEIST UND DIE GOTTHEIT

Ein reines Herz

Im ersten Kapitel schauen wir uns drei wichtige Dinge an, die uns weiterhelfen, den Heiligen Geist zu verstehen:

- Wer ist der Heilige Geist?
- Welche Aufgabe hatte der Heilige Geist in der Vergangenheit und was tut er heute?
- Was sind die Merkmale einer persönlichen Beziehung mit dem Heiligen Geist?

Bevor ich loslege, möchte ich dich gleichzeitig warnen und ermutigen. In Johannes 5,39-40 sagt Jesus zu den religiösen Juden: „*Ihr erforscht die Schriften, denn ihr meint, in ihnen ewiges Leben zu haben, und sie sind es, die von mir zeugen: und ihr wollt nicht zu mir kommen, damit ihr Leben habt.*“

Es gibt viele, die die Bibel erforschen, ohne dass sie sich tatsächlich auf Gott einlassen wollen, und es gelingt ihnen nicht, ihn auf eine persönliche Art und Weise zu erleben. Das Ziel meines Buches ist es nicht, dass wir mehr Wissen über den Heiligen Geist bekommen, sondern dass wir ihn persönlich erfahren. Wenn du mit theologischem Wissen zufrieden bist, dann pass auf, dass du nicht tatsächlich Probleme mit einem pharisäischen Geist hast! Du kannst feststellen, dass du auf der richtigen Fährte bist, wenn du dich nach den Erfahrungen, die in diesem Buch beschrieben sind, sehnst. In diesem Buch wirst du die Fundamente und die praktischen Wahrheiten finden, die dir helfen, Erfahrungen mit dem Heiligen Geist zu machen.

Wer ist dieser Heilige Geist?

Hier sind einige Bibelstellen, die uns mehr über die Person des Heiligen Geistes zeigen.

> *Es geschah aber, als das ganze Volk getauft wurde und Jesus getauft war und betete, dass der Himmel geöffnet wurde und der Heilige Geist in leiblicher Gestalt wie eine Taube auf ihn herabstieg und eine Stimme aus dem Himmel kam: Du bist mein geliebter Sohn, an dir habe ich Wohlgefallen gefunden.*
>
> Lukas 3,21-22

> *...und ich werde den Vater bitten, und er wird euch einen anderen Beistand geben, dass er bei euch sei in Ewigkeit,*
>
> Johannes 14,16

Geht nun hin und macht alle Nationen zu Jüngern, und tauft sie auf den Namen des Vaters und des Sohnes und des Heiligen Geistes.

Matthäus 28,19

Die Gnade des Herrn Jesus Christus und die Liebe Gottes und die Gemeinschaft des Heiligen Geistes sei mit euch allen! Amen.

2. Korinther 13,13

In jeder dieser Bibelstellen erkennen wir drei unterschiedliche Personen. Wir sehen Jesus, Vater Gott und den Heiligen Geist. Das sind keine vereinzelten Referenzen, denn das Neue Testament ist voll von diesen drei einzigartigen Personen. Im Wesentlichen beschreibt die Bibel, dass sich Gott in drei verschiedenen Personen offenbart. Andererseits haben wir in der Bibel viele Stellen, die aussagen, dass es nur einen Gott gibt. (5. Mose 6,4; Jakobus 2,19; Jesaja 43,10-11; 44,8). Manche Theologen haben ihr ganzes Leben damit verbracht, um diese Frage zu klären, wie sich ein Gott in drei verschiedenen Personen offenbaren kann.

Nun, wir müssen das akzeptieren. Man kann es nicht durch logisches Denken erfassen, sondern man kann es nur glauben. Es gibt einen Gott, der sich in drei verschiedenen Personen manifestiert. Denn die eigentliche Frage ist nicht, ob wir das intellektuell oder theologisch verstehen, sondern die Frage lautet: Wie können wir jeder dieser Personen begegnen?

Vor vielen Jahren habe ich diese Bibelstellen nur oberflächlich gelesen. Aber wenn ich sie jetzt lese, sehe ich darin eine Einladung. Es ist eine Einladung jede Person der Gottheit kennenzulernen. Ich finde diese Bibelstellen mittlerweile sehr spannend. Ich kann nicht nur eine persönliche Beziehung zu Jesus haben, sondern auch zum Heiligen Geist.

Ich möchte die Dreieinigkeit an einem praktischen Beispiel erklären. Rajendra Singh ist mit Rekha Singh verheiratet, und sie haben einen Sohn mit Namen Sunil Singh. Jedes Familienmitglied hat zwei Namen. Einen Vornamen und einen Familiennamen. Auf die gleiche Weise können wir Gott als Familie begreifen. Gott Vater, Jesus der Sohn Gottes und Gott der Heilige Geist. Wenn ich nun diese Familie persönlich kennenlernen will, muss ich Zeit mit ihnen verbringen und mit jedem Mitglied der Familie Gemeinschaft haben.

Manche Menschen reden viel über ihr geistliches Leben und für sie ist Gott nur Gott Vater. Wenn du eine persönliche Beziehung zu jedem einzigartigen Mitglied der Gottheit hast, dann hast du nicht nur eine Beziehung mit Gott, sondern zu jedem Einzelnen von ihnen. Erkennst du, wenn der Heilige Geist mit dir redet? Kannst du die Gegenwart, die Stimme und die Person des Vaters von der des Sohnes und des Heiligen Geistes unterscheiden?

Während des Gebets, wenn ich diene oder einfach Gemeinschaft mit Gott habe, kann ich normalerweise unterscheiden, welche Person der Gottheit mit mir spricht und wessen Gegenwart sich offenbart. Erinnere dich, ich habe nicht nur eine Beziehung mit der Singh-Familie, sondern mit jedem Mitglied dieser Famile, mit Rajendra, Rekha und Sunil. Sie sind unterschiedliche, einzigartige, individuelle Personen, die eine Familie bilden. Ebenso wie der Vater einzigartig ist, ist es der Sohn und der Heilige Geist.

Sie alle haben denselben Charakter, dieselben Wünsche und Motive und auch dasselbe Wesen, aber sie haben verschiedene Rollen und Persönlichkeiten. Sie sind alle heilig, voller Liebe und gütig. Aber sie haben verschiedene Aufgaben und arbeiten unterschiedlich, dennoch arbeiten sie zusammen für dasselbe Ziel. Wenn du Gott bisher nicht als drei einzigartige Personen kennengelernt hast, dann möchte ich dich dazu ermutigen, diese erstaunliche Realität zu erleben!

Manche stellen sich gegen diese Lehre und behaupten, dass es nur einen Gott gibt. Das führt natürlich dazu, dass die Anhänger dieser Lehre die anderen Personen der Gottheit nicht kennen. Lass uns einige Bibelstellen betrachten, um zu sehen, was die Bibel dazu sagt.

> *Und wenn jemand ein Wort reden wird gegen den Sohn des Menschen, dem wird vergeben werden: wenn aber jemand gegen den Heiligen Geist reden wird, dem wird nicht vergeben werden, weder in diesem Zeitalter noch in dem zukünftigen.*
>
> Matthäus 12,32

In diesem Vers sehen wir, dass zwischen Jesus und dem Heiligen Geist unterschieden wird. Eindeutig sind es zwei unterschiedliche Personen, und es hat eine einzigartige Konsequenz, wenn wir dem Heiligen Geist nicht den Respekt entgegenbringen, der ihm gebührt. Es gibt keine Bibelstelle, die dasselbe über Jesus sagt.

> *Geht nun hin und macht alle Nationen zu Jüngern, und tauft sie auf den Namen des Vaters und des Sohnes und des Heiligen Geistes.*
>
> Matthäus 28,19

Warum hat uns Jesus befohlen, Gläubige auf diese drei Namen zu taufen? Was ist ein Name? Ein Name steht für eine Person. Jesus befahl uns nicht, nur auf den Namen des Vaters oder des Sohnes zu taufen, sondern auch auf den Namen des Heiligen Geistes. Warum? Wäre es nicht ausreichend zu sagen: „Taufe sie auf den Namen Gottes?“ Gemäß der Aussage von Jesus ist es nicht ausreichend. Die Gottheit ist ohne den kostbaren Heiligen Geist nicht vollständig.

> *Und in der neunten Stunde schrie Jesus mit lauter Stimme: Eloí, Eloí, lemá sabachtháni?, was übersetzt ist: Mein Gott, mein Gott, warum hast du mich verlassen?*
>
> Markus 15,34

Wieder sehen wir zwei unterschiedliche Personen der Gottheit. Gott der Vater hat nicht die Sünden der Menschheit getragen, noch ist er Mensch geworden, um gekreuzigt zu werden. Der Vater hat sich selbst nicht verlassen, sondern er hat seinen Sohn am Kreuz verlassen. Jesus wurde durch den Vater verworfen und verlassen, um die Menschheit zu erlösen.

Die Bibel ist sehr konkret bezüglich jeder einzelnen Person der Gottheit, denn Gott möchte, dass wir jede individuell kennenlernen und wertschätzen. Die Bibel bekundet klar, dass der Heilige Geist Gott ist (Apostelgeschichte 5,3-4). Der Heilige Geist ist ebenso Gott, wie der Vater oder Jesus. Nicht mehr und nicht weniger.

Überall, wo ich darüber lehre, sehe ich dieselben Probleme. Die meisten Gläubigen kennen Jesus und sie wissen auch über den Vater Bescheid, aber wenige kennen den Heiligen Geist. Wenn sie es tun, dann haben sie keine Vorstellung davon, wer er wirklich ist. Für die meisten ist er mystisch und geheimnisvoll. Jesus ist bekannt, aber der Heilige Geist wird meist missverstanden. Das ist genau der Grund, warum ich dieses Buch schreibe – um diese wunderbare, kostbare Person bekannt zu machen.

Wir beginnen mit der ersten Frage in diesem Buch: Wer ist der Heilige Geist? Der Heilige Geist ist Gott, ebenso wie der Vater und der Sohn. Die dritte Person der Gottheit ist eine einzigartige Person.

Die Aufgaben des Heiligen Geistes

Sehen wir uns die zweite Frage an: Welche Aufgaben hatte der Heilige Geist in der Vergangenheit, und welche Dinge tut er heute? Dieses Wissen legt einen Grund, um Gott anzubeten und zu preisen. Wenn wir wissen, welche Werke der Heilige Geist getan hat und welche er heute tut, werden unsere Herzen vorbereitet, eine Beziehung mit ihm zu haben. Glaube bringt Erfahrungen hervor. Wir erkennen, dass er in uns Glauben bewirkt - Glauben, der uns erlaubt, ihm zu begegnen.

Schöpfer

Schau dir folgende Verse an:

Und Gott sprach: Lasst uns Menschen machen in unserm Bild, uns ähnlich! Sie sollen herrschen über die Fische des Meeres und über die Vögel des Himmels und über das Vieh und über die ganze Erde und über alle kriechenden Tiere, die auf der Erde kriechen! Und Gott schuf den Menschen nach seinem Bild, nach dem Bild Gottes schuf er ihn: als Mann und Frau schuf er sie.

Mose 1,26-27

Diese Verse zeigen die Gottheit im Alten Testament. Gott sagte: „*Lasst uns Menschen machen…*“ Die Schöpfung war nicht nur das Werk des Vaters, noch des Sohnes. Bei der Schöpfung haben sie zusammen gewirkt. Aber welche Rolle spielte der Heilige Geist in der Schöpfung?

Du sendest deinen Lebenshauch aus: Sie werden geschaffen: du erneuerst die Flächen des Ackers.

Psalm 104,30

Der Geist Gottes hat mich gemacht, und der Atem des Allmächtigen belebt mich.

Hiob 33,4

In der Bibel finden wir viele Beispiele, dass der Heilige Geist die Werke Gottes realisiert und ausführt. Der Vater und der Sohn waren bei der Planung und Vorbereitung der Schöpfung mit einbezogen, aber es war der Heilige Geist, der uns geschaffen hat.

Eines Tages war ich im Gebet und der Heilige Geist gab mir Visionen, in denen ich sah, wie Gott den Menschen erschaffen hat. Ich sah den feuchten Lehmboden der Erde, dann sah ich ein Licht und es folgten Blitze, die aus dem Lehm den menschlichen Körper formten. Innerhalb eines Augenblicks verwandelte sich der Lehm in einen Menschen. Der Übergang von Lehm zu Fleisch war so natürlich, als gäbe es keine andere Möglichkeit. Die Blitze waren keine geheimnisvolle „Kraft“, sondern es war die Person des Heiligen Geistes. Der Heilige Geist hat keine spezifische Gestalt, sondern er wird oft als Feuer, Elektrizität oder Licht beschrieben.

Wer ist es, der dich und mich geschaffen hat? Der Heilige Geist hat uns aus der Erde geformt. Der Vater lächelte und sandte den Heiligen Geist, und Jesus jubelte über uns, als der Heilige Geist uns geschaffen hat.

Er ist zwar im Voraus vor Grundlegung der Welt erkannt, aber am Ende der Zeiten offenbart worden um euretwillen, die ihr durch ihn an Gott glaubt, der ihn aus den Toten auferweckt und ihm Herrlichkeit gegeben hat, so dass euer Glaube und eure Hoffnung auf Gott gerichtet ist.

1.Petrus 1,20-21

Die Stimme Gottes

Der Heilige Geist ist die Stimme Gottes. Gott redet mit uns durch den Heiligen Geist. Jedes Buch von 1. Mose bis zur Offenbarung, ist vom Heiligen Geist inspiriert und geschrieben worden. Er ist der Autor der Bibel. Lass uns noch einige Bibelstellen ansehen, die das beweisen.

> *Und ich hörte die Stimme des Herrn, der sprach: Wen soll ich senden, und wer wird für uns gehen? Da sprach ich: Hier bin ich, sende mich! Und er sprach: Geh hin und sprich zu diesem Volk: Hören, ja, hören sollt ihr und nicht verstehen! Sehen, ja, sehen sollt ihr und nicht erkennen! Mache das Herz dieses Volkes fett, mache seine Ohren schwerhörig und verklebe seine Augen, damit es mit seinen Augen nicht sieht und mit seinen Ohren nicht hört und sein Herz nicht einsichtig wird und es nicht umkehrt und Heilung für sich f*
>
> Jesaja 6,8-10

> *Als sie aber unter sich uneins waren, gingen sie weg, als Paulus ein Wort sprach: Trefflich hat der Heilige Geist durch Jesaja, den Propheten, zu euren Vätern geredet und gesagt: »Geh hin zu diesem Volk und sprich: Hörend werdet ihr hören und nicht verstehen, und sehend werdet ihr sehen und nicht wahrnehmen. Denn das Herz dieses Volkes ist dick geworden, und mit den Ohren haben sie schwer gehört, und ihre Augen haben sie geschlossen, damit sie nicht etwa mit den Augen sehen und mit den Ohren hören und mit dem Herzen verstehen und sich bekehren und ich sie heile.*
>
> Apostelgeschichte 28,25-27

Der Prophet sah den Herrn Jesus auf dem Thron (siehe Jesaja 6,1-5 und Johannes 12,39-41). Dann hörte er „die Stimme des Herrn." Wie sprach der Herr Jesus zu Jesaja? Der Heilige Geist hörte, was der Herr sagte und gab die Gedanken, Gefühle und Wünsche von Jesus an Jesaja weiter. In diesen Versen sehen wir wieder die Identifikation des Heiligen Geistes mit der Gottheit: *„Wer wird für uns gehen?"* Die Tatsache, dass der Heilige Geist die Stimme Gottes ist, wird durch die Aussage belegt: *„Trefflich hat der Heilige Geist durch Jesaja, den Propheten, zu euren Vätern geredet"*. Es gibt einige wenige Bibelstellen, wo der Vater direkt mit Menschen spricht (Johannes 12,28-29), aber diese Stellen sind selten. Die Menschen vernahmen einen Donner, wenn der Vater sprach, und ebenso beschreibt Hiob die Stimme Gottes (Hiob 37,2-5). In den meisten Fällen ist es der Heilige Geist, der zu den Propheten sprach und der auch zu uns heute spricht, mit einer zarten und klaren Stimme (siehe auch Jeremia 31,33 und Hebräer 10,15-6). Er hat uns nicht nur gebildet und geschaffen, sondern er ist derjenige, der mit uns spricht und uns vermittelt, was der Vater und Jesus sagen möchten.

Mit dem Ursprung Jesu Christi verhielt es sich aber so: Als nämlich Maria, seine Mutter, dem Josef verlobt war, wurde sie, ehe sie zusammengekommen waren, schwanger befunden von dem Heiligen Geist.

Matthäus 1,18

Und der Engel antwortete und sprach zu ihr: Der Heilige Geist wird über dich kommen, und Kraft des Höchsten wird dich überschatten: darum wird auch das Heilige, das geboren werden wird, Sohn Gottes genannt werden.

Lukas 1,35

Die Geburt von Jesus war ohne die Gegenwart und die Kraft des Heiligen Geistes unmöglich. Der Vater sandte seinen Sohn in die Welt (Johannes 3,6), aber Gott ist Geist (Johannes 4,24). Also, wer hat das Fleisch, den Leib Jesu in Marias Mutterleib geschaffen? Der Heilige Geist hat nicht nur uns geschaffen, sondern er war auch bei der Zeugung von Jesus entscheidend.

Der Heilige Geist im Dienst von Jesus

Lass uns nun betrachten, welchen Einfluss der Heilige Geist auf den Dienst von Jesus hatte. Schau dir die folgenden Bibelstellen an:

...Jesus von Nazareth, wie Gott ihn mit Heiligem Geist und mit Kraft gesalbt hat, der umherging und wohltat und alle heilte, die von dem Teufel überwältigt waren, denn Gott war mit ihm.

Apostelgeschichte 10,38

Es geschah aber, als das ganze Volk getauft wurde und Jesus getauft war und betete, dass der Himmel geöffnet wurde und der Heilige Geist in leiblicher Gestalt wie eine Taube auf ihn herabstieg und eine Stimme aus dem Him-

mel kam: Du bist mein geliebter Sohn, an dir habe ich Wohlgefallen gefunden. (…) Und Jesus kehrte in der Kraft des Geistes nach Galiläa zurück, und die Kunde von ihm ging hinaus durch die ganze Umgegend. (…) »Der Geist des Herrn ist auf mir, weil er mich gesalbt hat, Armen gute Botschaft zu verkündigen: er hat mich gesandt, Gefangenen Freiheit auszurufen und Blinden, dass sie wieder sehen, Zerschlagene in Freiheit hinzusenden.«

Lukas 3,21-22; 4,14, 18

Nicht nur bei der Geburt von Jesus hat der Heilige Geist ein Wunder gewirkt, sondern er begleitete ihn während seines gesamten Dienstes. Erst nachdem der Heilige Geist auf Jesus gekommen war, war er fähig, Wunder zu tun. Man kann sagen, dass der übernatürliche Dienst von Jesus eigentlich der Dienst des Heiligen Geistes war, der durch Jesus floss. Wir werden das näher in Kapitel 3 besprechen.

Er ist auch nicht durch das Blut von Böcken oder Kälbern, sondern durch sein eigenes Blut ein für alle Mal in das Heiligtum eingegangen und hat eine ewige Erlösung erlangt. Denn wenn schon das Blut von Böcken und Stieren und die Asche von der Kuh durch Besprengung die Unreinen heiligt, sodass sie leiblich rein sind, um wie viel mehr wird dann das Blut Christi, der sich selbst als Opfer ohne Fehl durch den ewigen Geist Gott dargebracht hat, unser Gewissen reinigen von den toten Werken, zu dienen dem lebendigen Gott!

Hebräer 9,12-14 (LUT)

In dieser Bibelstelle sehen wir deutlich, wie die Gottheit zusammenarbeitet, um die Sünden der Menschen zu sühnen. Bei Gottes Erlösungswerk verstehen viele die Aufgabe der Heiligen Geistes nicht. Der Vater hat Jesus verworfen, als er das Opfer für unsere Sünden wurde und unsere Strafe auf sich nahm. Als Jesus am Kreuz schrie, sprach er seinen Vater zum ersten mal mit „Gott" an.

„Mein Gott, mein Gott, warum hast Du mich verlassen?" Obwohl die Beziehung von Jesus zu seinem Vater um unseretwillen durchtrennt war, hatte der Heilige Geist Jesus am Kreuz nicht verlassen. *„Durch den ewigen Geist"* war Jesus in der Lage, sich selbst als Opfer für unsere Sünden darzubringen. Jesus ging *„durch sein eigenes Blut ein für alle Mal in das Heiligtum"*, um durch die Gegenwart, die Kraft und die Person des Heiligen Geistes die Menschheit zu erlösen. Ohne den Heiligen Geist wäre die Erlösung für die Menschheit nicht möglich gewesen. Der Heilige Geist blieb Jesus treu bis zum Ende.

> *Wenn aber der Geist dessen, der Jesus aus den Toten auferweckt hat, in euch wohnt, so wird er, der Christus Jesus aus den Toten auferweckt hat, auch eure sterblichen Leiber lebendig machen wegen seines in euch wohnenden Geistes.*
>
> Römer 8,11

Wer hat Jesus von den Toten auferweckt? Es war der Heilige Geist, der Jesus aus dem Grab auferweckt hat! Wir sehen in der Bibel, dass der Vater befiehlt, es ist aber der Geist, der diese Anordnungen ausführt. Der Vater selbst hat Jesus nicht von den Toten auferweckt. Der Vater sandte den Heiligen Geist, und der Heilige Geist erweckte Jesus, und der Heilige Geist wird derjenige sein, der uns von den Toten auferwecken wird! Der Heilige Geist ist das Wunder im Leben von Jesus, von der Geburt bis zur Auferstehung. Alles hing von ihm ab und er hat alle Dinge ausgeführt. Siehst du, wie kostbar er ist? Fließt dein Herz über von Dankbarkeit und Liebe zu ihm?

> *Und wenn er gekommen ist, wird er die Welt überführen von Sünde und von Gerechtigkeit und von Gericht. Von Sünde, weil sie nicht an mich glauben: von Gerechtigkeit aber, weil ich zum Vater gehe und ihr mich nicht mehr seht: von Gericht aber, weil der Fürst dieser Welt gerichtet ist.*
>
> Johannes 16,8-11

> *Deshalb tue ich euch kund, dass niemand, der im Geist Gottes redet, sagt: Fluch über Jesus!, und niemand sagen kann: Herr Jesus!, außer im Heiligen Geist.*
>
> 1.Korinther 12,3

Ohne den Heiligen Geist:

- kann niemand erkennen, dass er ein Sünder ist.
- versteht niemand die geistliche Bedeutung von Sünde (1. Korinther 2,14).
- kann niemand Jesus empfangen oder verstehen.
- kann niemand an Jesus glauben.
- kann niemand Gericht und Gottes Sieg über Satan verstehen.

- gibt es keine Quelle geistlicher Erkenntnis und Wahrheit. Alle Wahrheit haben wir durch die Gnade des Heiligen Geistes empfangen. Er öffnet die Augen und lässt die geistlich Blinden sehen (1. Johannes 2,11, 2. Korinther 4,3-4).
- und seine offenbarende Kraft wäre das Werk am Kreuz vergeblich gewesen.

Hast du dem Heiligen Geist jemals dafür gedankt, dass er deine Augen geöffnet und dir Offenbarung und Verständnis gegeben hat? Ohne dieses kostbare Werk hätte niemand Buße tun, bekennen und glauben können.

Jesus antwortete und sprach zu ihm: Wahrlich, wahrlich, ich sage dir: Wenn jemand nicht von neuem geboren wird, kann er das Reich Gottes nicht sehen. (...) Jesus antwortete: Wahrlich, wahrlich, ich sage dir: Wenn jemand nicht aus Wasser und Geist geboren wird, kann er nicht in das Reich Gottes hineingehen. Was aus dem Fleisch geboren ist, ist Fleisch, und was aus dem Geist geboren ist, ist Geist.

Johannes 3,3; 5-6

In ihm <seid> auch ihr, als ihr das Wort der Wahrheit, das Evangelium eures Heils, gehört habt und gläubig geworden seid, versiegelt worden mit dem Heiligen Geist der Verheißung. Der ist die Anzahlung auf unser Erbe auf die Erlösung <seines> Eigentums zum Preise seiner Herrlichkeit.

Epheser 1,13-14

Wenn wir an Jesus glauben, werden wir durch den Heiligen Geist wiedergeboren. Er ist derjenige, der unseren toten Geist auferweckt und uns neues Leben gibt (Epheser 2,4-5). Er ist derjenige, der in uns ein neues Herz und einen neuen Geist gibt (Hesekiel 36,26-27). Nicht nur das, sondern er hat uns auch versiegelt mit dem Siegel, dass wir zu Jesus gehören. Ohne dieses Wirken des Heiligen Geistes kann niemand von neuem geboren werden. Erinnerst du dich an den Tag, der dein ganzes Leben veränderte? Erinnerst du dich an den Moment, wo du festgestellt hast, dass du wiedergeboren wurdest? Das war der Moment, als der Heilige Geist sein Werk an dir getan hat.

Jene aber zogen aus und predigten überall, während der Herr mitwirkte und das Wort durch die darauf folgenden Zeichen bestätigte.

Markus 16,20

Aber ihr werdet Kraft empfangen, wenn der Heilige Geist auf euch gekommen ist: und ihr werdet meine Zeugen sein, sowohl in Jerusalem als auch in ganz Judäa und Samaria und bis an das Ende der Erde.

Apostelgeschichte 1,8

Es gibt aber Verschiedenheiten von Gnadengaben, aber es ist derselbe Geist; und es gibt Verschiedenheiten von Diensten, und es ist derselbe Herr; und es gibt Verschiedenheiten von Wirkungen, aber es ist derselbe Gott, der alles in allen wirkt. Jedem aber wird die Offenbarung des Geistes zum Nutzen gegeben. Denn dem einen wird durch den Geist das Wort der Weisheit gegeben; einem anderen aber das Wort der Erkenntnis nach demselben Geist; einem anderen aber Glauben in demselben Geist; einem anderen aber Gnadengaben der Heilungen in dem einen Geist; einem anderen aber Wunderwirkungen; einem anderen aber Weissagung, einem anderen aber Unterscheidungen der Geister; einem anderen verschiedene Arten von Sprachen; einem anderen aber Auslegung der Sprachen. Dies alles aber wirkt ein und derselbe Geist und teilt jedem besonders aus, wie er will.

1. Korinther 12,4-11

Der Dienst des Heiligen Geistes: Von der Auferstehung bis heute

Wir wollen uns jetzt das Wirken des Heiligen Geistes von der Auferstehung Jesu bis zum heutigen Tag ansehen. Ich habe das Privileg viele großartige Wunder gesehen zu haben, von blinden Augen, die geöffnet wurden bis hin zur Heilung von Tauben und Lahmen. Jedes Heilungswunder und jede Befreiung war das Werk des Heiligen Geistes. Jede Vision, jede Prophetie, jede Zungenrede, alles kommt durch den Heiligen Geist.

Der Vater legte unsere Strafe und unsere Krankheiten auf Jesus (Jesaja 53,6; 10), und Jesus nahm es freiwillig auf sich, unsere Sünden, Krankheiten und Flüche zu tragen (Jesaja 53,4; 12). Durch dieses Erlösungswerk von Jesus haben wir Zugang zu allen himmlischen Segnungen wie Heilung, Befreiung, Frieden und vieles mehr. (Epheser 1,3). Jesus sitzt an der Seite des Vaters auf dem Thron. Warum sitzen sie? Weil ihr Werk vollendet ist. Aber wer kümmert sich darum, dass die Verheißungen Gottes uns erreichen? Wer manifestiert diese Segnungen auf eine erfahrbare Art und Weise? Das ist das Werk des Heiligen Geistes.

Ich habe nicht jeden Aspekt und jeden Dienst des Heiligen Geistes in diesem Kapitel beschrieben, aber ich habe dir einen Überblick über die wichtigsten Punkte gegeben. Erkennst du die erstaunlichen und wunderbaren Dinge, die er tut? Wenn ich über diese Wahrheiten nachdenke, fließt mein Herz vor Freude und Dankbarkeit über. Ich erkenne das Wirken des Heiligen Geistes in meinem Leben: von meiner physischen Geburt, über die Sündenerkenntnis, meine geistliche Wiedergeburt bis hin zu jeder Heilung und Befreiung, die ich je erlebt habe. Die meiste Zeit in meinem Leben als Christ, war ich mir nicht bewusst, wie gütig und gnädig er zu mir war.

Schaue dir nochmals die Bibelstellen in diesem Kapitel an und sage dem Heiligen Geist, wie sehr du ihn schätzt und danke ihm für all das, was er für dich getan hat.

Unsere Beziehung mit dem Heiligen Geist

Wir werden jetzt die dritte und letzte Frage beantworten: Wie sieht unsere persönliche Beziehung mit dem Heiligen Geist aus? Weil Gott dreieinig ist, sollten wir zu jeder Person eine Beziehung haben. Die meisten Menschen sehen Gott einfach als „Gott“ und haben nur eine eingeschränkte Art von Beziehung mit ihm. Diese Art von Beziehung ist natürlich auch wichtig, jedoch nicht sehr persönlich. Diese Beziehung kann sich recht eindimensional gestalteten, wie: Schöpfer – Schöpfung, Richter – Sünder, Herr – Diener. Weil Gott aber aus drei einzigartigen Individuen besteht, werden wir erfahren, dass unsere Beziehung zu jeder Person anders ist und dem entsprechend bekommt unserer Gemeinschaft mit Gott auch eine ganz andere Qualität.

So viele ihn aber aufnahmen, denen gab er das Recht, Kinder Gottes zu werden, denen, die an seinen Namen glauben:

Johannes 1,12

...und werde euch Vater sein, und ihr werdet mir Söhne und Töchter sein, spricht der Herr, der Allmächtige.

2. Korinther 6,18

Seht, welch eine Liebe uns der Vater gegeben hat, dass wir Kinder Gottes heißen sollen! Und wir sind es. Deswegen erkennt uns die Welt nicht, weil sie ihn nicht erkannt hat.

1. Johannes 3,1

...wie er (der Vater) uns in ihm (Jesus) auserwählt hat vor Grundlegung der Welt, dass wir heilig und tadellos vor ihm seien in Liebe, und uns vorherbestimmt hat zur Sohnschaft durch Jesus Christus für sich selbst nach dem Wohlgefallen seines Willens.[1]

Epheser 1,4-5

1 Klammern durch den Autor hinzugefügt

Diese Verse verdeutlichen unsere Beziehung zu Gott Vater. Er ist nicht nur der Vater von Jesus, sondern er ist auch der Vater von jedem, der durch den Heiligen Geist von neuem geboren wurde. Jeder, der an Jesus glaubt, ist sein Adoptivkind. Welche Beziehung haben wir zu Gott Vater? Es ist eine Vater-Kind-Beziehung.

Lasst uns ansehen, welche Beziehung wir zu Jesus haben:

Das ganze Haus Israel wisse nun zuverlässig, dass Gott ihn sowohl zum Herrn als auch zum Christus gemacht hat, diesen Jesus, den ihr gekreuzigt habt.

Apostelgeschichte 2,36

...und warten auf die selige Hoffnung und Erscheinung der Herrlichkeit des großen Gottes und unseres Heilands, Jesus Christus, der sich selbst für uns gegeben hat, damit er uns erlöste von aller Ungerechtigkeit und reinigte sich selbst ein Volk zum Eigentum, das eifrig wäre zu guten Werken.

Titus 2,13-14

Ich nenne euch nicht mehr Sklaven, denn der Sklave weiß nicht, was sein Herr tut: euch aber habe ich Freunde genannt, weil ich alles, was ich von meinem Vater gehört, euch kundgetan habe.

Johannes 15,15

Lasst uns fröhlich sein und jubeln und ihm die Ehre geben: denn die Hochzeit des Lammes ist gekommen, und seine Frau hat sich bereitgemacht.

Offenbarung 19,7

Und es wird geschehen an jenem Tag, spricht der HERR, da rufst du: Mein Mann! Und du rufst mich nicht mehr: Mein Baal (mein Herr)!

Hosea 2,18

Viele Menschen machen den Fehler und nennen Jesus „Vater". Sie lehren sogar ihre Kinder und sagen: „Lass uns zu Papa-Jesus beten!". Jesus ist nicht der Vater und der Vater ist nicht Jesus. Es sind zwei unterschiedliche Personen. Jesus sagte zwar, wenn ihr mich gesehen habt, dann habt ihr den Vater gesehen (Johannes 14,9), aber das bezog sich auf das Wesen und den Charakter, und nicht auf die eigentliche Person. Jesus ist unser Herr, König und unser Retter. Aber warum hat er uns gerettet? Wir wurden gerettet, damit wir eine Beziehung zu ihm haben können. So wie Freunde sich aneinander erfreuen, ihre Herzen miteinander teilen und Gemeinschaft haben, möchte Jesus mit uns in Beziehung treten. Aber es geht tiefer als nur Freundschaft. Er möchte uns heiraten. Freundschaft kann sehr tief gehen, aber eine Ehe geht tiefer, sowohl in der Liebe als auch in der Hingabe. Jesus ist unser Bräutigam, Geliebter und Ehemann, und wir sind seine Braut. Wie ist also unsere Beziehung zu Jesus? Er ist unser Herr, König, unser Retter und Ehemann, und wir sind seine geliebten Freunde und seine Braut.

Wie sieht dann unsere Beziehung mit dem Heiligen Geist aus? Viele Gläubige haben keine Vorstellung, wie so eine Beziehung aussehen könnte. Jesus sprach von dem, der nach ihm kommen sollte:

...und ich werde den Vater bitten, und er wird euch einen anderen Beistand geben, dass er bei euch sei in Ewigkeit.

Johannes 14,16

Das griechische Wort für Beistand ist *parakletos*, welches bedeutet: „derjenige, der Schritt für Schritt mit dir geht". Der Heilige Geist wird als treuer und verlässlicher Helfer beschrieben. Parakletos kann auch mit Helfer, Fürsprecher, Unterstützer und Tröster übersetzt werden.

Nachdem Jesus von den Toten auferstanden war, gab er seinen Jüngern Anweisungen und fuhr auf in den Himmel. An seiner Stelle sandte er den Heiligen Geist. Jetzt warten wir auf die Wiederkunft Jesu und werden nach seiner Rückkehr die Hochzeit des Lammes feiern. Jesus und der Vater sind im Himmel, aber wir sind auf der Erde. Wir können durch den Heiligen Geist Gemeinschaft mit dem Vater und dem Sohn haben. Aber wer ist jetzt bei uns? Es ist der Heilige Geist. Er ist der Bürge, dass wir auf ewig mit dem Vater und Jesus verbunden sein werden (2.Korinther 1,22; 5,5; Epheser 1,13-14). Das bedeutet, wenn der Heilige Geist jetzt bei uns ist, dann werden wir auch Gemeinschaft mit dem Vater und dem Sohn haben.

Die meisten Gläubigen sind sich dieser Tatsache nicht bewusst und können ihr geistliches Leben deshalb nicht in der ganzen Fülle genießen. Ich werde Jesus eines Tages heiraten und immer bei ihm sein, aber ich habe schon jetzt Gemeinschaft mit dem Heiligen Geist. Der Heilige Geist ist so wundervoll, dass Jesus selbst sagte, dass es gut ist, dass er die Jünger nun verlässt, denn wenn er nicht gehen würde, dann könne er seinen Geist nicht senden

(Johannes 16,7). Viele führen ein Leben in geistlicher Armut, weil sie denken, sie müssten auf Jesu Wiederkunft warten. Sie sagen: „Oh, ich kann es nicht erwarten, dass Jesus wiederkommt! Oh, wenn Jesus hier wäre, wäre alles besser! Wie gesegnet wären wir, wenn Jesus hier bei uns wäre!" Diese Leute sagen dies, weil sie einen geistlichen Mangel in ihrem Leben feststellen und ihre Hoffnung auf eine unbestimmte Zukunft richten, in der Jesus wieder hier auf der Erde sein wird. Dies steht aber im Widerspruch zu dem, was Jesus sagte. Jesus sagte: *„Es ist gut für euch, dass ich weggehe"*. Also, wo ist das Problem? Das Problem ist, dass die Leute den Heiligen Geist nicht kennen und keine Beziehung mit ihm haben.

Ich sage nicht, dass wir uns nur nach dem Heiligen Geist ausstrecken und uns nicht um Jesus kümmern sollen. Ich sage, dass wir in der Zeit des Heiligen Geistes leben. Er wurde der Gemeinde gegeben, um die Pläne Gottes auszuführen. Deshalb sollte es unser Ziel sein, ihn immer besser kennenzulernen.

Als ich diese Wahrheit verstand, veränderte sich mein Gebetsleben, meine Beziehung zu Gott und meine Salbung. Ich lebe nicht mehr in der Zukunft, sondern in der Gegenwart und ich weiß, dass der Helfer, der treue Heilige Geist, bei mir ist.

Lass uns einen Moment innehalten und unser Leben betrachten. Hast du eine persönliche Beziehung mit dem Heiligen Geist als dein Helfer, Berater, Fürsprecher, Unterstützer und Tröster? Verlässt du dich auf ihn, weil du weißt, dass er treu ist? Schätzt du seine Gegenwart mehr als wenn Jesus körperlich unter uns wäre? (Johannes 16,7).

Wenn dem nicht so ist, verpasst du die größten Segnungen, die dir dieses Leben bieten kann. Er ist die großartigste Person, mit der du in diesem Leben eine Beziehung haben kannst!

Der Beistand aber, der Heilige Geist, den der Vater senden wird in meinem Namen, der wird euch alles lehren und euch an alles erinnern, was ich euch gesagt habe.

Johannes 14,26

Hier sagt Jesus seinen Jünger, dass sie einen neuen Lehrer bekommen würden. Als Jesus auf der Erde war, hat er seine Jünger ausgebildet. Aber auch Jesus lehrte und unterwies seine Jünger nicht ohne den Heiligen Geist (Apostelgeschichte 1,2). Als Jesus dann in den Himmel auffuhr, kam der Stellvertreter, der Heilige Geist, der nun in uns wohnt, und uns lehrt und an alles erinnert, was Jesus getan hat (1. Johannes 2,27). Wir beten zum Vater in Jesu Namen um Weisheit, Leitung und Erkenntnis, aber der Vater sendete seinen Geist (Epheser 1,16-18), und er lehrt und unterweist uns, bringt Weisheit und Offenbarung.

Wann immer ich das Wort Gottes verstehen, Offenbarung bekommen oder Entscheidungen in meinem Alltag treffen muss, bin ich sicher, dass der Heilige Geist als mein Lehrer und Ratgeber bei mir ist. Ich richte einfach meine Aufmerksamkeit auf den Heiligen Geist, lade seine Gegenwart ein und frage ihn, was immer ich wissen muss. Hast du diese Art Beziehung mit dem Heiligen Geist? Hast du die Gewissheit, dass er bei dir ist, bereit, dich zu unterweisen, wann immer du es brauchst? Wenn dem nicht so ist, dann vertraue ihm und suche seine Gegenwart.

Wenn der Beistand gekommen ist, den ich euch von dem Vater senden werde, der Geist der Wahrheit, der von dem Vater ausgeht, so wird der von mir zeugen. Aber auch ihr zeugt, weil ihr von Anfang an bei mir seid.

Johannes 15,26-27

Aber ihr werdet Kraft empfangen, wenn der Heilige Geist auf euch gekommen ist: und ihr werdet meine Zeugen sein, sowohl in Jerusalem als auch in ganz Judäa und Samaria und bis an das Ende der erde.

Apostelgeschichte 1,8

Und wir sind Zeugen von diesen Dingen und der Heilige Geist, den Gott denen gegeben hat, die ihm gehorchen.

Apostelgeschichte 5,32

Wir sehen in der Bibel zwei verschiedene Zeugen, die Jesus verkünden: den Heiligen Geist und uns. Wir sind berufen, zusammen mit dem Heiligen Geist, Zeugnis von dem Leben, Sterben und der Auferstehung von Jesus zu geben. Der Heilige Geist ist hier, um das Evangelium in Zusammenarbeit mit uns zu bezeugen. Er ist unser Partner in dieser heiligen Aufgabe. Wir werden das näher in Kapitel 4 betrachten.

Wenn aber jener, der Geist der Wahrheit, gekommen ist, wird er euch in die ganze Wahrheit leiten: denn er wird nicht aus sich selbst reden, sondern was er hören wird, wird er reden, und das Kommende wird er euch verkündigen.

Johannes 16,13

Der Heilige Geist ist nicht nur unser Helfer, Lehrer und Partner, sondern er ist auch unser Führer. Der Heilige Geist ist der Leiter und der Führer von Gottes Volk. Er ist wie ein treuer Hirte, der seine Leute auf dem Weg der Wahrheit führt. Er wird es nicht zulassen, dass wir uns verirren.

Der Heilige Geist war auch der Führer und Leiter von Jesus (Matthäus 4,1; Lukas 4,1). Wenn wir in unserer Identität als Kinder Gottes unterwegs sind, dann müssen wir auch von Gottes Geist geleitet werden (Römer 8,14; Galater 5,18). Der Heilige Geist will zu uns sprechen, uns führen und mit uns über die Zukunft reden, damit wir den Willen Gottes in allen Bereichen unseres Lebens erfüllen können.

Wann immer ich Führung in meinem Leben brauche oder wenn ich eine Entscheidung treffen muss, dann schaue ich zuerst zu meinem wunderbaren Lotsen, den Gott mir gegeben hat, den Heiligen Geist. Ich richte meine Gedanken auf ihn und bitte ihn, mich zu leiten. Weißt du, dass er begierig ist, mit dir zu reden?

Lass mich dir ein einfaches Beispiel geben. Abhilasha und ich lebten in Delhi, Indien als unsere Klimaanlage kaputt ging. Sie war schon ziemlich alt und die Techniker fanden nicht heraus, was kaputt war. So nahmen sie sie mit in ihren Laden, um es herauszufinden. Sie riefen uns an und gaben uns den Kostenvoranschlag für die Reparatur. Dann schlugen sie uns vor, uns das defekte Gerät für 1.500 Rupien abzukaufen. Abhilasha und ich beteten darüber und fragten den Heiligen Geist, was wir tun sollten. Ich hörte ihn sagen: „Ruf sie an und sage ihnen, ihr verkauft es ihnen für 3.500 Rupien." Ich fragte Abhilasha was sie gehört hatte und sie sagte: „Ich hatte den Eindruck wir sollten es für 3.500 Rupien verkaufen." Ich rief in der Werkstatt an, aber sie waren nicht bereit, es zu diesem Preis zu kaufen. Ich antwortete: „Ok, denkt darüber nach und wenn ihr eure Meinung ändert, meldet euch." Sie riefen später zurück und wollten das Gerät haben.

Der Heilige Geist wusste, was an der Klimaanlage kaputt war und welchen Preis sie noch wert war. Er führt uns nicht nur in den „großen" Entscheidungen, sondern zeigt uns auch den Weg in den alltäglichen Dingen.

> *Er wird mich verherrlichen, denn von dem Meinen wird er nehmen und euch verkündigen.*
>
> Johannes 16,14

Ich hörte, wie jemand sagte: „Wenn wir uns zu sehr auf den Heiligen Geist konzentrieren, dann vergessen wir, Jesus und den Vater zu lieben und anzubeten!" Was sagt die Bibel zu dieser Feststellung? Der Heilige Geist wird mich tiefer in die Anbetung und Verherrlichung von Jesus führen. Niemand kennt Jesus so gut wie der Heilige Geist. Niemand kann ihn besser verherrlichen. Jesus sagte, dass es ohne den Heiligen Geist unmöglich ist, Gott wahrhaftig im Geist und in der Wahrheit anzubeten (Johannes 4,24). Wer ist der Geist der Wahrheit? Es ist der Heilige Geist. Wenn wir Gott anbeten, sollten wir den Heiligen Geist um Hilfe bitten, Jesus und den Vater zu verherrlichen und anzubeten. Nicht nur mit den Worten aus unserer Liturgie, sondern aus unserem tiefesten Innern.

...die Hoffnung aber lässt nicht zuschanden werden, denn die Liebe Gottes ist ausgegossen in unsere Herzen durch den Heiligen Geist, der uns gegeben worden ist.

Römer 5,5

Sondern wir reden, wie geschrieben steht (Jesaja 64,3): »Was kein Auge gesehen hat und kein Ohr gehört hat und in keines Menschen Herz gekommen ist, was Gott bereitet hat denen, die ihn lieben.« Uns aber hat es Gott offenbart durch den Geist; denn der Geist erforscht alle Dinge, auch die Tiefen Gottes. Denn welcher Mensch weiß, was im Menschen ist, als allein der Geist des Menschen, der in ihm ist? So weiß auch niemand, was in Gott ist, als allein der Geist Gottes. Wir aber haben nicht empfangen den Geist der Welt, sondern den Geist aus Gott, damit wir wissen, was uns von Gott geschenkt ist.

1. Korinther 2,9-12 (LUT)

Außer in einigen wenigen Fällen, wie zum Beispiel auf dem Berg der Verklärung (Matthäus 17) oder als der Apostel Paulus auf der Straße nach Damaskus unterwegs war (Apostelgeschichte 9), wurden alle Offenbarungen und Erfahrungen durch die Person des Heiligen Geistes weitergegeben. Wie haben wir Gott und seine Liebe erfahren? Der Heilige Geist ist das Bindeglied zwischen der himmlischen Welt zu unserer Welt und zeigt uns das Herz und die Zuneigung des Vaters. Der Heilige Geist offenbart die Gegenwart Jesu in unserem Herzen. Er ist derjenige, der die Tiefen Gottes offenbart. Die Bibel sagt, dass der Heilige Geist das Herz des Vaters erforscht und uns seine Gedanken und Gefühle offenbart. Der Heilige Geist möchte, dass wir mit Jesus eine Liebesbeziehung haben. Er zeigt uns nicht nur das Herz des Vaters, sondern er offenbart uns alles, was uns geschenkt wurde. Es gibt so vieles im himmlischen Bereich, was er uns offenbaren möchte: Frieden, Wohlergehen, Heilung, Befreiung, Freude usw. (Epheser 1,3). Wie können wir von diesen Dingen erfahren, wie können wir sie empfangen und in ihnen wandeln? Durch Gottes Geist. Siehst du, wie wichtig er ist? Ohne den Dienst des Geistes sind wir blind, taub und unfähig, irgendetwas Geistliches zu empfinden. Ohne seine Gnade sind wir geistlich krank und ohne jegliches Gespür für die geistliche Welt.

> *Oder wisst ihr nicht, dass euer Leib ein Tempel des Heiligen Geistes in euch ist, den ihr von Gott habt, und dass ihr nicht euch selbst gehört?*
>
> Korinther 6,19

> *Ihr Ehebrecherinnen, wisst ihr nicht, dass die Freundschaft der Welt Feindschaft gegen Gott ist? Wer nun ein Freund der Welt sein will, erweist sich als Feind Gottes. Oder meint ihr, dass die Schrift umsonst rede: »Eifersüchtig sehnt er sich nach dem Geist, den er in uns wohnen ließ«?*
>
> Jakobus 4,4-5

Wir sind der Tempel des Heiligen Geistes. Er sehnt sich nach Gemeinschaft mit uns und aus diesem Grund hat er es gewählt in uns zu leben. Wie tief kann diese innige Vertrautheit sein? Ehe ist tiefer als Freundschaft. Und doch ist der Heilige Geist in einem noch engeren Verhältnis zu uns, als je ein Ehepartner sein kann. Er lebt im Zentrum unseres Seins. Unser Körper ist der Tempel in dem er lebt, und unser Geist ist mit ihm verbunden, berufen, seiner innewohnenden Gegenwart zu dienen. Der Heilige Geist ist ein Liebhaber, ein leidenschaftlicher, eifersüchtiger Geliebter, der sich nach unserer Aufmerksamkeit, Zuneigung und unserem Herzen sehnt (2. Mose 34,14).

Es gibt Gebetszeiten, in denen ich seine Gegenwart körperlich spüre. Diese Gegenwart fühlt sich schwer und dicht an, er freut sich in mir und ich mich in ihm. Die innige Vertrautheit ist unbeschreiblich. In solchen Momenten wird mir klar, dass die Person, mit der ich die innigste Beziehung habe, der Heilige Geist ist. Hast du so eine innige Verbindung mit dem Heiligen Geist jemals erfahren? Hast du seine Eifersucht gespürt, wie er um dein Herz, deine Aufmerksamkeit und deine Zuneigung wirbt? Ließ die dir Bibelstellen in diesem Buch aufmerksam durch und suche die Erfahrung und Offenbarung in jedem Vers.

Geh an einen stillen Ort, fokussiere dich auf den Heiligen Geist und sprich folgendes Gebet:

> Heiliger Geist, du bist mein Geliebter und suchst meine Aufmerksamkeit und Zuneigung. Ich fokussiere mich auf dich und deine Gegenwart. Mein Körper ist dein Tempel und du lebst in mir. Offenbare deine Gegenwart und deine Persönlichkeit. Ich möchte dich lieben und dich erfahren, mein Geliebter. Heiliger Geist … Ich liebe dich … Heiliger Geist, du bist mein Alles.

Dann verweile einige Momente in seiner Gegenwart.

Wir können nur lieben, wenn wir zuerst Liebe empfangen haben (1. Johannes 4,19). Darüber nachzusinnen wer er ist, was er tut und wie unsere Beziehung aussieht, wird uns dazu bringen, ihn noch mehr zu suchen. Erinnere dich, er ist ein Liebhaber, der dein Herz haben will. Er ist dein engster Freund und er wohnt in dir.

2

VERTRAUTHEIT MIT DEM HEILIGEN GEIST

Warum streben wir danach?

Menschen streben aus unterschiedlichen Gründen nach mehr vom Heiligen Geist. Einer der Hauptgründe ist seine Kraft. Der Heilige Geist ist die Kraft Gottes, und wenn er sich manifestiert, dann geschehen unglaubliche Wunder: die Blinden sehen, die Tauben hören, die Lahmen gehen, Dämonen fahren aus, Menschen sehen Visionen, weinen oder lachen, und viele fallen unter der Kraft seiner Herrlichkeit zu Boden. Alles was dazugehört, um eine Versammlung zu einer aufregenden Versammlung zu machen. Wenn sich diese Kraft bei einem Prediger regelmäßig manifestiert, kann sich das schnell herumsprechen und das kann zu einer Gefahr für den Prediger werden. Viele, die diese Manifestationen in ihrem Dienst suchen, streben nach dem Heiligen Geist aus falschen Motiven. Sie suchen die Ehre von Menschen und nicht die Ehre Gottes. Sie möchten, dass der Heilige Geist zu ihrer eigenen Ehre in ihren Versammlungen wirkt. Diese Menschen sehen die Kraftwirkungen des Heiligen Geistes, aber sie sehen ihn nicht als kostbare Person. Wenn wir so handeln, missbrauchen wir den Heiligen Geist.

Mein guter Freund, Pastor Ankit Sajwan, suchte Gott, weil er seine Kraft wollte, um das Evangelium effektiver zu verkünden. Während einer intensiven Gebetszeit sprach der Herr mit hörbarer Stimme zu ihm: „Suche mich nicht wegen meiner Kraft, denn ich habe Narren mit meiner Kraft erfüllt. Warum hören sie meine Stimme nicht? Weil sie meine Zuneigung verachten. Sind sie nicht wie der verlorene Sohn, der nach seinem Erbe fragt und mich dann verlässt? Ohne Liebe wird Kraft korrumpiert und sie wird dich zu Fall bringen. Sage mir nicht, dass du mein Diener sein willst. Denn ich habe viele Diener, aber wenige Freunde. Sei mein Freund."

Damit wir verstehen, was für Gott das Wichtigste ist, setzte ich dieses Kapitel über innige Verbundenheit mit dem Heiligen Geist an die zweite Stelle.

Ich kann es nicht beschreiben, wie wichtig es ist, den Heiligen Geist als Person zu kennen. Die Manifestationen seiner Gegenwart können manchmal sehr geheimnisvoll sein, wenn er wie ein Feuer, wie Elektrizität oder wie Wind erscheint. Wie auch immer seine Manifestationen hier auf der Erde aussehen mögen, in seiner Persönlichkeit ist er uns ähnlich, weil wir nach seinem Bilde geschaffen sind. Er hat Gefühle, kennt Zuneigung und hat ein sanftes Herz. Man kann ihn erfreuen oder betrüben. Genauso, wie wir gerne Zeit mit unserer Familie und unseren

Freunden verbringen, so freut er sich über uns und sehnt sich nach einer Beziehung mit uns. Aber er wird sich uns niemals aufdrängen. Liebe sucht nie die Kontrolle, sondern sie lädt ein. Bitte um ein offenes Herz, wenn seine zarte Stimme dich zu sich ruft.

Falsche Vorstellungen über den Geist in der Gemeinde

In den ersten Jahren meines Glaubenslebens hörte ich wenige scharfe, strenge und ernste Kommentare über den Heiligen Geist. Ich lernte, dass der Vater und der Sohn barmherzig seien, aber der Heilige Geist sei sehr launisch und du müsstest dich ehrfurchtsvoll und von deiner besten Seite zeigen, sonst würde er dich richten und töten oder sogar auf ewig verdammen!

Das schien extrem! Nicht nur waren diese Hinweise erschreckend, sondern er wurde auch das Heilige Gespenst[2] genannt! Stell dir vor, was ein Neubekehrter denkt, wenn er eine Beziehung zu einem Gespenst haben soll! Manche sagten auch: „Nun hör gut zu…. er ist der H-E-I-L-I-G-E Geist.“ Was meinten sie mit heilig? Grundsätzlich solltest du sehr heilig, achtsam und ehrfurchtsvoll vor ihm sein! Wie verrückt! Sind der Vater und der Sohn nicht so heilig wie der Heilige Geist? Sie sind alle gleich heilig!

Bevor wir tiefer in die Persönlichkeit des Heiligen Geistes eintauchen, möchte ich die zwei häufigsten Missverständnisse über den Heiligen Geist ausräumen. Für mich

---

2 Hinweis der Übersetzerin: Im englischen *Holy Ghost*

persönlich sind es falsche Annahmen über den Heiligen Geist. Er ist mein geliebter Freund, und ich fühle mich provoziert, wenn Menschen über ihn in falscher Weise reden oder lehren.

Lästerung gegen den Heiligen Geist

> *Wahrlich, ich sage euch: Alle Sünden werden den Söhnen der Menschen vergeben werden und die Lästerungen, mit denen sie auch lästern mögen: wer aber gegen den Heiligen Geist lästern wird, hat keine Vergebung in Ewigkeit, sondern ist ewiger Sünde schuldig - weil sie sagten: er hat einen unreinen Geist.*
>
> Markus 3,28-30

Aus dem Mund Jesu hören wir, dass es ernste Konsequenzen hat, wenn wir dem Heiligen Geist in einer sündhaften Haltung begegnen. Das ist die einzige in der Schrift erwähnte Sünde, die nicht vergeben wird. Mit den Jahren habe ich verschiedene Vorstellungen und Ansichten gehört, was diese Lästerung gegen den Heiligen Geist sei. Die tatsächliche Bedeutung ist unbekannt, aber die Ernsthaftigkeit der Strafe bleibt überall in den Köpfen der Gläubigen! Aufgrund dieses einen Verses haben manche Gläubige zu viel Angst, um sich ihm zu nähern. Sie fühlen sich äußerst unwohl, wenn sie eine Lehre über ihn hören, oder wenn jemand über ihn predigt. Lass mich heute diese unbegründete Furcht aus deinem Herzen verbannen.

Das Wort Blasphemie bedeutet, Gott zu fluchen, zu lästern und falsche Dinge über ihn zu verbreiten. Ist es das, was die Bibel mit der Sünde gegen den Heiligen Geist meint? Begehen wir eine unverzeihliche Sünde, wenn wir das Werk des Heiligen Geistes als ein Werk des Teufels bezeichnen?

Der Herr hat mich gesalbt und mir einen übernatürlichen Dienst gegeben. Ich glaube nicht, dass ich jemand Besonderes bin. Ich glaube, Gott möchte, dass alle seine Kinder auf diese Art und Weise leben. Überall wo ich hingehe, lehre ich über den Heiligen Geist, predige das Evangelium und bete für die Kranken und Dämonisierten. Wo höre ich am häufigsten Lästerungen? Nicht bei den Hindus, nicht von Moslems, sondern von Christen!

Die zornigsten und streitlustigsten Lästerer gegen den Heiligen Geist sind Christen, die sein Werk nicht verstehen. Wenn ich in Gemeinden Videos über unsere Einsätze und Versammlungen zeigen, in denen Taube hören, Stumme wieder sprechen, Dämonen sich manifestieren und Menschen frei werden, gibt es immer wieder Christen, die sagen: „Das ist nicht Gott! Das ist der Teufel!" Wie viele „Gläubige" kennst du, die Zungenreden als Werk des Teufels bezeichnen oder bezeichnet haben? Es sind viele. Und ich war einer von ihnen.

Werden alle diese Christen in der Hölle landen, weil sie das gesagt haben? Nein. Wenn das so wäre, wäre ich auch verdammt, und mehr als die Hälfte der Kirche würde in der Hölle schmoren!

Die unverzeihliche Sünde ist nicht das böse Reden gegen den Heiligen Geist, sondern es ist der bewusste Widerstand gegen das überführende und offenbarende Wirken des Heiligen Geistes.

Wir müssen den Kontext beachten, in dem diese Bibelstelle steht. In Matthäus 12,22-28 heilt Jesus einen Blinden und treibt einen bösen Geist aus. Diese Demonstration der Kraft des Heiligen Geistes offenbarte die Wahrheit über Gott und Jesus. Werden die Sünden und Lästerungen gegen Jesus vergeben, aber nicht die gegen den Heiligen Geist? Ist Jesus gnädiger als der Heilige Geist? Nein. Jesus starb für alle Menschen, egal welche Sünden sie begangen haben. Es gibt keine Sünde, die sein Blut am Kreuz nicht bedeckt. Egal ob du es glaubst oder nicht, Jesus starb für dich und versöhnte dich mit Gott.

Was ist dann die Aufgabe des Heiligen Geistes? Er offenbart und manifestiert das ganze Werk Gottes! Der Heilige Geist tut nichts Neues, er offenbart und führt das vollendete Werk Christi aus. Jesus starb für unsere Sünden, aber wer überführt die Menschen, damit sie glauben und Vergebung empfangen können? Das macht der Heilige Geist. Wenn wir dem, was der Heilige Geist tut, bewusst widerstehen, schneiden wir uns von der Gnade Gottes ab.

Als der Heilige Geist Jesus in Jesaja 35 als Messias offenbarte, steht dort, dass der Messias die Augen der Blinden öffnen würde. Das war eines der Wunder, die Jesus tat (Johannes 9,31-33). Der Heilige Geist sagte dadurch: „Schaut, Jesus ist der Messias! Hier ist der Beweis: Glaubet und werde errettet!“ Aber was taten die Pharisäer? Sie nannten ihn einen Teufel, und so schnitten sie sich selber von dem überführenden Werk des Heiligen Geistes ab. Der Heilige Geist wollte sie nicht isolieren, sondern sie trennten sich durch ihre Entscheidung von ihm!

Es ist für den Heiligen Geist ein Vergnügen, dich mit jeder guten und kostbaren Gaben des Vaters zu überhäufen. Er wird es dir nicht aufdrängen, aber er öffnet deine Augen, damit du sie sehen und empfangen kannst. Das nennt man Glauben. Aber wenn wir „Nein" zu dem sagen, was der Heilige Geist tut, werden wir nie in der Lage sein, zu glauben und Gottes Gnade und ewiges Leben zu empfangen.

Hananias und Saphira

Die andere furchteinflößende Bibelstelle über den Heiligen Geist ist der Tod von Hananias und Saphira, und das geschah in der Gemeinde. Ich finde es schon ulkig, wie manche Pastoren predigen, dass der Heilige Geist sie richtete. Wie weit ist das von der Wahrheit entfernt! Dies wird meistens von Pastoren und Gläubigen vertreten, die gesetzlich sind und das Evangelium der Gnade nicht verstanden haben.

Wie wir in Apostelgeschichte 5 lesen, wusste Petrus, dass sie nicht den gesamten Erlös aus dem Verkauf ihres Grundstückes gebracht hatten. Petrus sprach dann ein Gerichtswort gegen sie und unmittelbar danach starben sie. Weil Petrus das auf übernatürliche Weise wusste, schlussfolgern manche, dass Gott sie getötet hat.

Zunächst stimmt diese Auslegung nicht mit den Grundsätzen des Neuen Testaments und der Natur von Jesus überein. Viele machen diesen Fehler, die den Unterschied zwischen dem Alten und dem Neuen Bund nicht verstanden haben.

Als Jesus kam, brach eine neue Zeit an. Das Evangelium wird Evangelium der Gnade Gottes genannt (Apostelgeschichte 20,24). Jesus ist voller Gnade (Johannes 1,14), und diese Gnade ist für uns (Johannes 1,16). Hat Jesus je irgendjemand gerichtet? Hat Jesus jemanden mit Krankheit oder einem Fluch belegt? Nein. Der Vater ebenso nicht. Denn Jesus tut nur, was er den Vater tun sieht (Johannes 5,19-20; 6,38, 14,10). Gott hat die Welt mit sich versöhnt und zählt nicht mehr die Sünden oder hält sie den Menschen vor (2. Korinther 5,18-20), und er hat uns die Botschaft der Versöhnung gegeben. Nicht eine Botschaft des Gerichts und des Todes! Gott will nicht richten und Menschen vernichten, sondern will sie erretten (Lukas 9,51-56).

Wenn Jesus und der Vater die Menschheit retten und ihnen die Sünden vergeben wollen, aber der Heilige Geist ihnen weiterhin ihre Sünden vorhält, sie richtet und sie tötet, dann haben wir ein großes Problem mit unserer Theologie! Dann haben wir einen Gott, der mit sich selbst uneins ist! Der Heilige Geist kam, um das zu offenbaren, was der Vater und der Sohn vollbracht haben. Gericht und Verderben gehören nicht dazu. Jesus nahm für uns das Gericht und den Tod auf sich! Der Heilige Geist kam, um der Menschheit die Segnungen Gottes zu zeigen. Als ich das letzte Mal in der Bibel nachschlug, gehörten Gericht und Tod nicht zu den Gaben des Geistes!

Warum goss Jesus den Heiligen Geist auf die Gemeinde aus? Damit sie Jesus einer verlorenen und gebrochenen Welt offenbart. Die Gläubigen werden durch den Heiligen Geist befähigt, in derselben Natur und demselben Dienst wie Jesus die Welt zu erreichen.

Jetzt denkst du: „Gut, und warum starben sie dann?!" Lass uns noch eine andere Bibelstelle ansehen, bevor ich diese Frage beantworte.

> *Da sprach Jesus abermals zu ihnen: Friede sei mit euch! Wie mich der Vater gesandt hat, so sende ich euch. Und als er das gesagt hatte, blies er sie an und spricht zu ihnen: Nehmt hin den Heiligen Geist! Welchen ihr die Sünden erlasst, denen sind sie erlassen; welchen ihr sie behaltet, denen sind sie behalten.*
>
> Johannes 20,21-23

Dies war das erste Mal, dass Jesus seinen Jüngern den Heiligen Geist weitergab. Er hat ihnen den Heiligen Geist gegeben, damit sie seine Partner würden, indem sie das Evangelium in allen Nationen predigten (Johannes 15,26-27, Apostelgeschichte 5,30-32, Lukas 24,49). Sofort nachdem er ihnen den Heiligen Geist gegeben hatte, sagte er etwas sehr merkwürdiges: *Welchen ihr die Sünden erlasst, denen sind sie erlassen; welchen ihr sie behaltet, denen sind sie behalten.*

Was wollte Jesus sagen? Er sagte damit folgendes: Ich gehe jetzt, aber durch die Gemeinschaft mit dem Heiligen Geist seid ihr meine Repräsentanten. Ich lege alles in eure Hände, repräsentiert mich, wie ich den Vater repräsentiert habe.

Wir wissen gar nicht, wie viel Autorität wir haben! Wenn du an Krebs erkrankt bist, und medizinisch gesehen aufgegeben wurdest, und du gehst in eine Gemeinde, in der Jesus nicht als Heiler gepredigt wird. Was wird dann passieren? Du wirst sterben! Wenn du in eine Gemeinde gehst und der Pastor sagt nichts über die Erlösungstat von Jesus. Was wird das für Auswirkungen haben? Menschen werden die Wahrheit nicht erkennen und folglich in der Hölle enden. Das alles hat nichts mit Gott zu tun, sondern mit uns.

Warum starben Hananias und Saphira? Weil Petrus das Gericht über sie ausgesprochen hatte! Waren Petrus' Worte voller Barmherzigkeit und Erbarmen? Nein. Gab es eine Gelegenheit zur Umkehr? Nein. Hat er ihre Sünden vergeben, oder nicht? Petrus hat in dieser Begebenheit nicht Jesus repräsentiert, und seine Worte hatten Auswirkung. Zu Saphira hat er gesagt: *„Siehe, die Füße derer, die deinen Mann begraben haben, sind an der Tür, und sie werden dich hinaustragen."* Dies war nicht die einzige Situation, in der Petrus unbarmherzig und richtend war (siehe auch Apostelgeschichte 8,18-23). Manchmal denken wir, dass alles was die Apostel sagten und taten von Gott war, und wir übersehen dabei, dass sie Menschen waren wie du und ich, die auf ihrem Weg mit Gott waren.

Der Heilige Geist hat Hananias und Saphira nicht getötet. Wenn er sie für ihre Lüge bestraft hätte, weil sie nur einen Teil des Erlöses ihres Besitzes abgaben, warum erschlägt er dann nicht Pastoren, Leiter und Gläubige überall auf der Welt, die stehlen, Ehebruch begehen, abtreiben, tratschen und hassen?

Habe keine Angst vor dem Heiligen Geist. Achte, liebe und verehre ihn – nicht aus Angst, sondern weil er nur das Beste für dich will (Römer 2,4; 1. Johannes 4,19).

Die Persönlichkeit des Heiligen Geistes verstehen

Um die Persönlichkeit des Heiligen Geistes besser zu verstehen, schauen wir uns einige Bibelstellen an:

> *Wie viel schlimmere Strafe, meint ihr, wird der verdienen, der den Sohn Gottes mit Füßen getreten und das Blut des Bundes, durch das er geheiligt wurde, für gemein erachtet und den Geist der Gnade geschmäht hat?*
>
> Hebräer 10,29

> *Denn das Gesetz des Geistes des Lebens in Christus Jesus hat dich frei gemacht von dem Gesetz der Sünde und des Todes.*
>
> Römer 8,2

Auch wenn der Kontext des ersten Verses die Warnung vor dem Abfall ist, zeigt uns die Schrift hier etwas sehr Wichtiges über den Heiligen Geist. Er ist der Geist der Gnade. Gnade ist unverdiente Liebe, Güte, und Freundlichkeit gegenüber jemandem, der es nicht wert ist, sie zu bekommen. Der Heilige Geist ist gut und freundlich zu Menschen, die seiner Güte nicht würdig sind. Natürlich sollten wir ein Herz voller Ehre, Respekt und Achtung ihm gegenüber haben, dennoch ist es wichtig, dass wir erkennen, dass er gnädig und der Geist der Gnade ist. Nirgends steht geschrieben, dass er der Geist des Zorns und der Empörung ist. Aus seiner Gegenwart und seiner Person fließen unverdiente Liebe und Freundlichkeit. Er hat dasselbe Wesen wie Jesus in seinem großen Erbarmen zu uns. Wenn ich weiß, dass er der Geist der Gnade ist, habe ich keine Angst ihm zu begegnen. Ebenso wie wir ermutigt werden uns dem Thron der Gnade mit Zuversicht zu nähern (Hebräer 4,16). Obwohl ich nicht perfekt bin, so weiß ich doch, dass ich mich ihm anvertrauen kann und ich empfange seine Liebe und Zuneigung, weil er gnädig ist. Er freut sich daran, uns seine Gnade zu zeigen.

Er ist auch der Geist des Lebens. Was ist Leben? Frieden ist Leben. Freude ist Leben. Liebe ist Leben. Heilung, Befreiung, Vergebung und Freiheit sind Leben. Unser Geist empfängt dieses Leben und genießt seine Freude, wenn wir seine Stimme hören und Zeit in seiner Gegenwart verbringen (Psalm 36,8). Wenn du eine tiefe Intimität mit dem Heiligen Geist entwickelst, wird es in deinem Leben sichtbar werden. Andere werden die echte Freude und den Frieden sofort bemerken.

Und Johannes bezeugte und sprach: Ich schaute den Geist wie eine Taube aus dem Himmel herabfahren, und er blieb auf ihm. Und ich kannte ihn nicht: aber der mich gesandt hat, mit Wasser zu taufen, der sprach zu mir: Auf welchen du sehen wirst den Geist herabfahren und auf ihm bleiben, dieser ist es, der mit Heiligem Geist tauft.

Johannes 1,32-33

Aus allen Tieren wählte der Heilige Geist die Taube. Hast du je darüber nachgedacht? Der Teufel suchte sich die Schlange aus, denn die Schlange passt am besten zu seiner Persönlichkeit. Mit welchen Eigenschaften kann man am besten die Erscheinungsform des Heiligen Geistes, die Taube, beschreiben?

Eine Taube hat ein reines, weißes Gefieder, ein Zeichen für Heiligkeit und Reinheit. Die Taube ist weltweit das Symbol für Frieden. Und eine andere erstaunliche Tatsache ist, dass Tauben eine lebenslange Partnerschaft mit nur einem Partner eingehen. Das zeigt die Treue des Heiligen Geistes uns gegenüber.

Es gibt andere Bibelstellen, in denen der Heilige Geist in einem Wirbelwind, im Feuer oder in der Kraft eines Erdbebens erscheint (Apostelgeschichte 2,1-4; 4,31; 16,25-26). Aber das beschreibt eher seine Taten, als seine Natur. Von seiner Natur her ist der Heilige Geist friedvoll, gütig und freundlich, heilig, rein und treu.

Warum kam der Heilige Geist auf Jesus? Johannes 1,32 sagt, er kam auf Jesus, um auf ihm zu bleiben. Der Heilige Geist ist ein Liebhaber, der nach einem Geliebten Ausschau hält. Er sucht nach einem Ort, wo er bleiben kann, wo er Freundschaft, Intimität und Liebe erfährt. Der Heilige Geist fand diesen Ort in Jesus. Jesus liebte den Heiligen Geist und war sensibel für seine Gegenwart, wo immer er hinging. Wir werden das detaillierter in Kapitel 3 betrachten.

Jesus ist unser Vorbild, und wenn der Heilige Geist auf Jesus blieb, dann möchte er auch auf uns bleiben. Die Frage unseres Herzens sollte nicht sein: „Will der Heilige Geist auf mich kommen und auf mir bleiben?“ Sondern unsere Frage sollte sein: „Will ICH liebender Gastgeber seiner Gegenwart sein und ihn mit der Liebe und dem Respekt behandeln, den er verdient?“

3

DAS GRÖSSTE GEBOT

Wir werden nun zwei der wichtigsten Gebote bezüglich des Heiligen Geistes betrachten.

Und einer der Schriftgelehrten, der gehört hatte, wie sie miteinander stritten, trat hinzu, und da er wusste, dass er ihnen gut geantwortet hatte, fragte er ihn: Welches Gebot ist das erste von allen? Jesus antwortete ihm: Das erste ist: »Höre, Israel: Der Herr, unser Gott, ist ein Herr: und du sollst den Herrn, deinen Gott, lieben aus deinem ganzen Herzen und aus deiner ganzen Seele und aus deinem ganzen Verstand und aus deiner ganzen Kraft!«

Markus 12,28-30

Gemäß dem Gesetz, das Gott durch Mose gab, hat das größte Gebot direkt mit unserer liebenden Beziehung zu Gott zu tun. Wir sind berufen, Gott zu lieben. Aber welche Person der Gottheit sollen wir lieben? Jesus hat nicht gesagt: „Liebe den Vater mit deinem ganzen Herzen."

Jesus sagte, dass wir Gott lieben sollen. Wir haben im ersten Kapitel gelernt, dass Gott dreieinig ist. Das heißt, unsere Liebe sollte für jeden von ihnen gleich sein. Wir sollen nicht nur Jesus lieben und den Heiligen Geist vernachlässigen, genauso wenig wie wir nicht nur den Vater lieben sollen. Wir sollen alle drei lieben, verehren und eine tiefe Beziehung mit ihnen haben.

Die meisten Gläubigen haben keine Beziehung zu Gott als einem dreieinigen Wesen. Stattdessen haben sie nur eine vage Beziehung mit "Gott". Aber gemäß diesem Gebot sollen wir sie alle in gleichem Maße lieben. Nachdem ich den Heiligen Geist als zärtliche, liebevolle Person kennengelernt habe, verstand ich, dass dieses Gebot direkt mit ihm zu tun hat. Ich bin berufen, den Heiligen Geist genau wie Jesus zu lieben. Den Heiligen Geist nicht zu lieben bedeutet, dieses große Gebot zu vernachlässigen. Das wäre, als ob du zu mir sagst: „Oh, ich möchte wirklich gerne mit dir Gemeinschaft haben, aber deine Frau kann ich nicht leiden. Ich möchte sie weder sehen noch mit ihr reden." Wenn das jemand zu mir sagen würde, würde ich mich fragen, ob er wirklich mein Freund ist. Lasst uns den kostbaren Heiligen Geist in gleichem Maße lieben, wie wir Jesus und den Vater lieben.

Nun hat Jesus nicht nur gesagt: „Das größte Gebot ist, Gott zu lieben." Sondern er sagte: „Das größte Gebot ist, Gott mit deinem ganzen Herzen, deiner ganzen Seele, deinem ganzen Verstand und all deiner Kraft zu lieben." Ehrlich gesagt ist das sehr detailliert. Als er das sagte, ließ Jesus keinen Teil von unserem Sein aus. Nicht nur mit unserem Herzen, sondern mit unserem ganzen Sein!

Schauen wir es uns im griechischen Originaltext an, was Jesus genau gesagt hat:

Deutsch	Griechisch	Bedeutung
Herz	Kardia	Das Zentrum unsers Lebens, das Zentrum unserer Persönlichkeit, Liebe und Verlangen
Seele	Suche	Unsere Neigungen, unser freier Wille, Wünsche, Leidenschaften und Gefühle
Verstand	Deanoina	Unsere Gedanken, Verständnis, Aufmerksamkeit und Überlegungen
Kraft	Ischus	Unsere körperliche Stärke, Fähigkeiten, Möglichkeiten, unser weltlicher Besitz und Reichtum

Siehst du, wie sehr Gott möchte, dass wir ihn lieben? Nichts auf der Liste wird uns erlassen, weil Gott sich uns allen sehnt. Wir werden nicht durch die Erfüllung des Gesetzes zu wahren Liebhabern Gottes, sondern dadurch, dass wir seine große Liebe für uns empfangen, die uns befähigt, ihn wieder zu lieben. Erinnere dich, wir sind nicht mehr unter dem Gesetz, sondern unter der Gnade, und Gnade ist stärker als das Gesetz! Der Heilige Geist ist ein eifersüchtiger Liebhaber (Jakobus 4,4-5), und er sehnt sich nach unserer Liebe, Zärtlichkeit und Aufmerksamkeit. Das möchte er am liebsten von uns, und das ist es, was er uns so gerne geben möchte.

Egal ob du im vollzeitlichen Dienst bist oder eine Hausfrau, die eine Schar Kinder erzieht, ob du Single oder verheiratet bist, die Einladung zu einer tiefen, intimen Liebesbeziehung mit Gott gilt jedem. Erlaube es nicht, dass religiöse Prägungen und Ansichten dieses Abenteuer der Liebe verhindern! Spring ganz hinein!

Gott ist Geist, und die ihn anbeten, müssen in Geist und Wahrheit anbeten.

Johannes 4,24

Und er sprach mit lauter Stimme: Fürchtet Gott und gebt ihm Ehre! Denn die Stunde seines Gerichts ist gekommen. Und betet den an, der den Himmel und die Erde und Meer und Wasserquellen gemacht hat!

Offenbarung 14,7

Und ich fiel zu seinen Füßen nieder, ihn anzubeten. Und er spricht zu mir: Siehe zu, tu es nicht! Ich bin dein Mitknecht und der deiner Brüder, die das Zeugnis Jesu haben. Bete Gott an! Denn das Zeugnis Jesu ist der Geist der Weissagung.

Offenbarung 19,10

Und er spricht zu mir: Siehe zu, tu es nicht! Ich bin dein Mitknecht und der deiner Brüder, der Propheten, und derer, welche die Worte dieses Buches bewahren. Bete Gott an!

Offenbarung 22,9

Anbetung ist in der Bibel immer auf Gott ausgerichtet. Es gibt keine Bibelstelle, die sagt, dass wir nur den Vater oder den Sohn anbeten sollen. Wir sollen den dreieinigen Gott anbeten, d.h. wir sollen jede Person der Gottheit anbeten. Gemäß der Schriftstellen, die wir gerade gelesen haben, sind wir bezüglich des Heiligen Geistes angewiesen: 1. ihn anzubeten, 2. ihn zu respektieren und 3. ihn zu ehren, ebenso wie wir dem Vater und Jesus mit Anbetung, Ehrfurcht und Ehre begegnen.

Was ist Anbetung? Es ist die Antwort unseres Geistes auf die Gnade und Wahrheit Gottes. Wenn wir sehen, wie wunderbar Jesus ist, wie demütig, liebevoll und wie besorgt er um uns ist, dann beten wir ihn an. Wenn wir sehen, wie groß und majestätisch unser Vater ist, und wie er seinen Sohn für uns gab, dann antworten wir mit Anbetung. Auf dieselbe Weise können wir dem Heiligen Geist begegnen. In Kapitel 1 haben wir gesehen, welche einmaligen Dinge der Heilige Geist getan hat und immer noch tut. In Erwiderung auf diese Eigenschaften beten wir ihn an.

Gemeinschaft mit dem Heiligen Geist

Lass es uns betrachten, wie diese Gemeinschaft mit dem Heiligen Geist praktisch aussieht.

> *Die Gnade des Herrn Jesus Christus und die Liebe Gottes und die Gemeinschaft des Heiligen Geistes sei mit euch allen!*
>
> 2. Korinther 13,13

Dieser Vers zeigt, dass die Gemeinschaft des Heiligen Geist mit uns sein kann. Das griechische Wort *koinonia* bedeutet „Gemeinschaft, Gesellschaft, Partnerschaft, Kameradschaft und der Austausch von Gedanken und Gefühlen."

Ebenso wie die Ehe Zeit erfordert, damit wir eine tiefere Intimität entwickeln können, brauchen wir Zeit, um unsere Beziehung mit dem Heiligen Geist zu entwickeln. Wenn ich fünf Tage lang nicht mit meiner Frau gesprochen habe, weil ich meine Prioritäten falsch gesetzt habe, dann entferne ich mich von ihr. So wie es in der Ehe bewusste Qualitätszeit miteinander braucht, muss es unsere Priorität sein, den Heiligen Geist zu kennen und zu lieben. Tiefe Vertrautheit mit dem Heiligen Geist geschieht nicht durch Zufall und hat nichts mit Zwang und Leistung zu tun.

Ich gebe dir ein Beispiel. Vor vielen Jahren war ich in Miraz, Maharashtra. Ich hielt ein dreitägiges Seminar für Pastoren, Leiter und Laien. Während dieser Zeit hielten wir abends Heilungsversammlungen ab. Es war eine wunderbare Zeit, und Gott tat viele Wunder: Blinde sahen, Taube hörten und viele Kranke wurden geheilt. Nach Beginn der Versammlung am dritten und letzten Abend, kam ein junger Mann aus dem Seminar zu mir und fragte: „Wie viele Tage fastest du vor solchen Versammlungen? Wie viele Stunden betest du?“ Dieser junge Mann wollte ein Rezept. Für Beziehungen gibt es kein Rezept, so nach dem Motto, wenn ich so und so viele Stunden mit meiner Frau verbringe, kenne ich sie. Ich werde sie sicherlich kennenlernen, wenn sie mir ihr Herz öffnet und durch diese Herz-zu-Herz-Beziehung wird unsere Liebe und Beziehung tiefer.

Gemeinschaft braucht Zeit, Absicht, Verlangen, ein offenes Herz und Liebe. Ich lächelte und sagte dem jungen Mann: „Ich habe seit Jahren nicht mehr gefastet, und ich verbringe nicht viel Zeit in der Fürbitte. Ich verbringe einfach Zeit mit dem Heiligen Geist, der mein Freund und Geliebter ist." Er sah mich verwirrt an und ging. Wenn wir uns darauf konzentrieren, ihn zu lieben und zu kennen, dann wird seine Gegenwart und seine Kraft automatisch mit uns sein. Jesus lehrte, dass unser Beweggrund für das Fasten aus einem Verlangen kommen sollte, mit ihm zusammen zu sein, und nicht aus dem Wunsch, etwas von ihm zu bekommen (Matthäus 9,15).

Wie kann Gemeinschaft mit ihm praktisch aussehen? Ich gebe dir einige Beispiele aus meinem Leben.

Erstens verbringe ich Zeit alleine mit dem Heiligen Geist, an einem ruhigen Ort, wo ich nicht abgelenkt werde. Dann richte ich meine Aufmerksamkeit auf ihn und lade ihn ein, mit mir zusammen zu sein. Wenn wir den Heiligen Geist einladen, müssen wir wissen, dass er bereits in uns und mit uns ist (Johannes 14,17). Ich lade ihn nicht aus Unglauben ein, weil ich denke, dass er weit weg wäre, sondern ich bitte ihn, Gemeinschaft mit mir zu haben. Ähnlich ist es, wenn ich zuhause in einem Raum bin, und meine Frau ist in einem anderen Zimmer. Sie ist mit mir im selben Haus, aber wir sind nicht aufeinander fokussiert. Ich rufe sie und bitte sie, zu mir zu kommen. In gleicher Weise lebt der Heilige Geist in unserem Körper, so wie auch unser eigener Geist. Diese Einladung ist ein Ruf zur Gemeinschaft und Intimität.

Wenn ich ihn eingeladen habe, möchte ich seine Gegenwart erfahren. Wie meine Frau mir nahe kommt und ich sie umarme und ihr nahe bin, können wir die Gegenwart des Heiligen Geistes umarmen und in seiner Nähe sein. Wenn ich meine Frau umarme, ist meine Aufmerksamkeit und Liebe auf sie fokussiert. Ebenso können wir seine Gegenwart umarmen und unsere Aufmerksamkeit und Liebe auf ihn richten. Wenn ich diese Beziehung aufgebaut habe, spreche ich Worte der Liebe zum Heiligen Geist. Mein Fokus ist weder auf Gebet, noch auf den Worten, die ich spreche. Ich bin auf ihn und seine Gegenwart ausgerichtet. Alle paar Minuten spreche ich zu ihm. Ich sage zum Beispiel: „Heiliger Geist, du bist so kostbar für mich. Ich liebe dich, Heiliger Geist. Du bist schön und wunderbar. Ich freue mich an dir. Du bist mein alles. Ich bin dein Tempel, und du wohnst in mir. Du bist mein Geliebter, und ich gebe dir mein alles."

Wenn ich das sage, spreche ich es langsam und bewusst. Meist verstärkt sich seine Gegenwart. Manchmal ist seine Gegenwart so stark, dass ich gar nicht reden möchte, weil ich einfach von ihm überwältigt bin. Das mache ich vielleicht für 5-10 Minuten. Manchmal dauert es länger als eine Stunde. Ich setze für meine Gemeinschaft mit ihm keine zeitliche Begrenzung und ich will kein bestimmtes Ziel erreichen. Ich mache das, weil ich ihn liebe und weil er mich liebt und mit mir zusammen sein möchte. Weil der Heilige Geist in uns ist, können wir zu jeder Zeit intensive Gemeinschaft mit ihm haben.

Wenn dir die Erfahrung seiner Gegenwart nicht vertraut ist, dann kommt dir das vielleicht fremd vor, aber sei nicht entmutigt. Wenn du das bewusst praktizierst, wirst du ihn erfahren. Das Ziel ist jedoch nicht die Erfahrung, sondern die Gemeinschaft mit ihm. Ob seine Gegenwart schwer auf mir liegt oder so leicht, dass ich sie kaum spüren kann, macht keinen Unterschied. Wichtig ist, dass er mich liebt und ich ihm Liebe entgegenbringen kann. Diese Gemeinschaft mit dem Heiligen Geist sind für mich die schönsten Zeiten. Er wartet gespannt auf dich!

In diesen Zeiten habe ich oft Visionen, und der Heilige Geist spricht zu mir. Ein andermal kommt die Freude des Heiligen Geistes über mich, und ich beginne zu lachen. Manchmal muss ich so stark lachen, dass ich kaum atmen kann. Mein Verstand weiß nicht, warum ich lache, denn es gibt keinen Anlass dazu. Aber mein Geist sieht sein Lächeln, verspürt seine Freude und manchmal fühlt es sich an, als ob er mich kitzelt. Es gefällt dem Heiligen Geist, mit uns Spaß zu haben.

Zweitens gehe ich irgendwo alleine spazieren und rede mit dem Heiligen Geist so, wie ich mit einem Freund reden würde. Ich gehe oft in den Park, in den Wald oder dorthin, wo ich ungestört bin. Ich bete nicht für andere und habe auch keine Gebetsliste dabei. Worüber reden zwei Freunde, wenn sie zusammen sind? Wenn du einen guten Freund hast, weißt du, dass man stundenlang reden kann. Dabei spricht man über die Arbeit, Familie, Hobbys, Projekte, persönliche Ziele, usw. Wenn wir als Freunde reden, teilen wir unsere Gedanken, unsere Gefühle und unsere Wünsche. Dann hören wir dem zu, was unser Freund dazu sagt. Es entsteht ein Dialog. Ich sage ihm, wie ich mich fühle, wie es mit der Arbeit geht, was meine Familie macht und ich rede über meine Lebensziele. Das mache ich 10 Minuten oder länger. Was ist mein Ziel? Mein Ziel ist die Freundschaft und Gemeinschaft mit meinem Gott, dem Heiligen Geist.

Manchmal gebe ich in Versammlungen ein Wort der Erkenntnis weiter und prophezeie über den Leuten. Viele Wunder geschehen, z.B. spontane Heilungen, Befreiungen und manche Menschen machen geistliche Erfahrungen. Viele kommen zu mir und fragen mich, wie ich den Heiligen Geist höre und wollen wissen, wie sie das auch lernen können. Sie suchen ein Rezept, einen Schlüssel, um seine Gegenwart und seine Stimme wahrzunehmen. Ich sage immer, dass ich mit dem Heiligen Geist wie mit einem Freund rede und mit ihm Zeit verbringe.

Ob ich in einem Park mit dem Heiligen Geist darüber rede, was ich essen will oder in einem Heilungsgottesdienst für Kranke bete, die Sache ist dieselbe: ich suche Gemeinschaft mit dem Heiligen Geist. Man könnte der Ansicht sein, dass das Gespräch mit dem Heiligen Geist über profane Dinge, wie das Mittagessen, nicht sehr geistlich ist. Dem stimme ich nicht zu. Wie lerne ich die Stimme des Heiligen Geistes kennen? Während ich in den Wäldern spazieren gehe und mit ihm rede (Matthäus 6,6). Nach Monaten und Jahren solcher Gemeinschaft hat sich mein Geist an seine Stimme gewöhnt.

Wenn in einer Versammlung der Heilige Geist zu mir sagt: „Hier ist eine Frau, die seit drei Jahren auf ihrem linken Auge blind ist", dann erkenne ich seine Stimme. Die Stimme, die ich im Wald höre, ist dieselbe, wie in einer Versammlung von tausenden von Menschen. Wenn wir seine Gegenwart und seine Stimme nicht in der Stille suchen, sollten wir auch nicht erwarten, sie in der Versammlung zu hören (Matthäus 6,6).

Plane möglichst jeden Tag Zeit ein, um mit dem Heiligen Geist zu reden, selbst wenn es nur 5 bis 10 Minuten sind. Mache diese Gemeinschaft zu einer Gewohnheit. Er liebt es, deine Stimme zu hören und möchte dir gerne antworten.

Drittens bete ich den Heiligen Geist an, so wie ich den Vater und den Sohn anbete. Ob allein oder in Gemeinschaft, ich verbringe einige Zeit, um den kostbaren Heiligen Geist anzubeten.

Viertens lade ich den Heiligen Geist in meine Lebensumstände ein. Wenn ich morgens aufwache, denke ich an den Vater, an Jesus und den Heiligen Geist. Ich sage oft: „Guten Morgen, Heiliger Geist!" Während des Tages, wenn ich anderen Menschen diene, lade ich ihn oft in meine tägliche Arbeit ein. Wenn ich etwas verloren habe, bitte ich ihn, mir beim Suchen zu helfen. Wenn ich eine Entscheidung treffen muss oder ein Anliegen in meiner Ehe oder Familie habe, rede ich mit ihm und frage ihn, was er denkt. Bevor ich Reisepläne mache, ein Auto oder ein Stück Land kaufe, egal, ob kleine oder große Sachen, ich lade ihn immer ein und bitte um seine Führung. Selbst wenn ich erschöpft und müde bin, möchte der Heilige Geist bei mir sein. Als ich eines Tages nach einer anstrengenden Woche des Reisedienstes sehr erschöpft war, sagte der Heilige Geist zu mir: „Ich möchte dein Ruhekissen sein." Und er lächelte mich an. Ist das nicht süß? Er ist so besorgt und liebevoll.

Die kostbarste aller Gaben

Wir werden uns nun die verschiedenen Gaben ansehen, die Gott für uns vorbereitet hat. Wir sehen, dass der Vater uns bereits jede geistliche Segnung gegeben hat und diese Segnungen sind in den Himmeln, wo sie darauf warten, von uns im Glauben empfangen zu werden (Epheser 1,3). Es gibt Heilung, Befreiung, Friede, Freude und Wohlergehen, Gunst, Vergebung, ewiges Leben usw. und alles gehört uns. Aber weißt du was die größte Gabe ist? Lass uns ein paar Bibelstellen ansehen, bevor wir diese wichtige Frage beantworten.

> *Petrus aber sprach zu ihnen: Tut Buße, und jeder von euch lasse sich taufen auf den Namen Jesu Christi zur Vergebung eurer Sünden! Und ihr werdet die Gabe des Heiligen Geistes empfangen.*
>
> Apostelgeschichte 2,38

> *…und sagte: Gebt auch mir diese Macht, dass der, dem ich die Hände auflege, den Heiligen Geist empfängt! Petrus aber sprach zu ihm: Dein Geld fahre mit dir ins Verderben, weil du gemeint hast, dass die Gabe Gottes durch Geld zu erlangen sei! Du hast weder Teil noch Recht an dieser Sache, denn dein Herz ist nicht aufrichtig vor Gott. Tu nun Buße über diese deine Bosheit und bitte den Herrn, ob dir etwa der Anschlag deines Herzens vergeben werde!*
>
> Apostelgeschichte 8,19-22

Und die Gläubigen aus der Beschneidung, so viele ihrer mit Petrus gekommen waren, gerieten außer sich, dass auch auf die Nationen die Gabe des Heiligen Geistes ausgegossen worden war: denn sie hörten sie in Sprachen reden und Gott erheben.

Apostelgeschichte 10,45

Alles, was wir von Gott empfangen, ist eine Gnadengabe. Aber es gibt eine Gabe, die über allen anderen steht. Gott gab uns Vergebung, ewiges Leben und Freude. Das sind alles Gaben von Gott, aber die größte Gabe ist der Geber selbst. Der Geber ist größer als die Gaben. Gott gab sich uns selbst. Der Vater und der Sohn gaben uns die kostbarste aller Gaben: die Gabe des Heiligen Geistes.

Du kannst dich an der Freude des Herrn erfreuen. Aber es ist schöner, sich an dem Herrn aller Freude zu erfreuen – dem Heiligen Geist! Wir empfangen die Gabe des ewigen Lebens, aber wir empfangen auch den Geist des Lebens (Römer 8,2). Der Heilige Geist ist die Erstlingsfrucht unserer Beziehung mit Gott. Während wir auf dieser Erde sind, bekommen wir ihn in Fülle. Wir sind jetzt eins mit Christus durch den Geist, aber wir werden mit Christus vereint sein, wenn er wiederkommt, und wir ihn von Angesicht zu Angesicht sehen. Wir, seine Braut, sehnen uns danach, dass Jesus wiederkommt (Offenbarung 22,17), und wir sehnen uns nach der Stadt, wo unser Vater wohnt (Hebräer 11,13-16). Aber jetzt haben wir die Person des Heiligen Geistes. Dass der Heilige Geist jetzt bei uns ist, gibt uns die völlige Gewissheit, bald mit unserem geliebten Jesus und dem Vater vereint zu sein (Epheser 1,13-14).

Weil ich weiß, dass der Geist jetzt mit mir ist, will ich alles tun, ihn zu kennen und diese Person der Gottheit zu schätzen, die der Vater und der Sohn an meine Seite gestellt haben.

Nicht nur Kraft, sondern eine Persönlichkeit

Einige haben das Verständnis, dass der Heilige Geist nur die Kraft Gottes ist und sehen in ihm ein geheimnisvolles Wesen oder eine unpersönliche Kraft, die Gottes Willen erfüllt. Das entspricht nicht der Wahrheit. Am Ende dieses Kapitels wollen wir uns noch einige Bibelstellen ansehen, die von der Persönlichkeit des Heiligen Geistes sprechen.

> *Dies alles aber wirkt ein und derselbe Geist und teilt jedem besonders aus, wie er will.*
>
> 1. Korinther 12,11

> *Den Geist löscht nicht aus!* (oder unterdrückt nicht, oder dämpft nicht)
>
> 1. Thessalonicher 5,19

Der Heilige Geist hat seinen eigenen freien Willen, und in Bezug auf die Manifestation der Gaben hat er die Entscheidungsfreiheit. In anderen Aspekten spricht er zu den Menschen und dient ihnen, nach dem Willen des Vaters und des Sohnes (Johannes 16,13), aber bezüglich der Gaben hat der Heilige Geist freie Hand, seinen Willen auszuüben. Der Heilige Geist ist ein leidenschaftliches Wesen und wird als verzehrendes Feuer der Liebe beschrieben. Er will uns nicht kontrollieren, sondern lädt uns vielmehr in eine partnerschaftliche Beziehung ein. Wir können jedoch seine Leidenschaft uns gegenüber auslöschen, wie wir ein Feuer mit Wasser löschen können.

Es hat nämlich dem Heiligen Geist und uns gefallen, euch keine weitere Last aufzuerlegen, außer diesen notwendigen Dingen.

Apostelgeschichte 15,28 (SLT)

Als die Apostel die Führung des Herrn suchten, um die neuen Gläubigen in der Jüngerschaft anzuleiten, offenbarte der Heilige Geist ihnen seinen Willen, indem er ihnen sein Wohlwollen zu ihrer Entscheidung zeigte. Der Heilige Geist lächelte sie an und gab ihnen das „OK" für den Weg. Dies zeigt, dass er seine eigenen Ansichten und Gedanken hat.

Und betrübt nicht den Heiligen Geist Gottes, mit dem ihr versiegelt worden seid auf den Tag der Erlösung hin!

Epheser 4,30

Eine bessere Übersetzung des griechischen Wortes für „betrüben" ist „ärgern" oder „quälen". Wusstest du, dass wir den Heiligen Geist quälen können? Er hat nicht nur seinen eigenen Verstand, seine eigenen Gedanken und seinen eigenen Willen, sondern er hat auch Gefühle. Wir betrüben und quälen ihn, wenn wir uns von seiner liebevollen Führung abwenden und gegen ihn rebellieren. So wie eine Taube sensibel und leicht aufzuscheuchen ist, so sind auch die Gefühle des Heiligen Geistes sehr empfindlich.

Ich ermahne euch aber, Brüder, durch unseren Herrn Jesus Christus und durch die Liebe des Geistes, mit mir zu kämpfen in den Gebeten für mich zu Gott,

Römer 15,30

Der Heilige Geist offenbart uns nicht nur die Liebe Jesu und die Liebe des Vaters (Römer 5,5), sondern er begegnet uns auch mit seiner eigenen Liebe. Würde der Heilige Geist nur die Liebe von anderen weitergeben, wäre er keine eigenständige Person. Aber die Bibel belegt, dass es seine eigene Liebe und Zuneigung ist, mit der er uns begegnet. Das vervollständigt unser Bild von ihm als ganzheitliches Wesen.

Hast du seine persönliche Liebe für dich bereits erfahren? Das ist die Einladung, ihn persönlich kennenzulernen und eine tiefe Beziehung mit ihm zu entwickeln.

4

JESUS, UNSER VORBILD

Unbewusste Überzeugungen

Die ersten Jahre meines Dienstes waren sehr aufregend. Ich arbeitete mit etlichen Pastoren in einer großen Gemeinde zusammen, diente auf vielfältige Art und Weise in der Verwaltung und half in der Lehre und der Jüngerschaftsausbildung. Ich lernte viel von ihnen, und ich schätze diese Jahre. In dieser Zeit entwickelte ich eine typisch christliche Denkweise. Aufgrund meiner Erfahrungen und was andere zu mir sagten, übernahm ich unbewusst ein Glaubenssystem über Jesus.

Alle von uns glauben, dass Gott allmächtig ist und Jesus unglaubliche Wunder auf der Erde vollbracht hat. Aber wir hatten das Problem, dass wir in den Evangelien und der Apostelgeschichte Dinge lesen, die wir in unserem Alltag nicht wiederfanden. Jede Woche begleitete ich meine Pastoren bei Krankenhausbesuchen. Wenn jemand aus unserer Gemeinde krank war, gingen wir ganz sicher hin, um ihm unsere Liebe und Zuwendung zu zeigen.

Bei diesen Krankenhausbesuchen stellte ich Jahr um Jahr etwas Merkwürdiges fest: wir beteten für viele, aber niemand wurde vor unseren Augen spontan geheilt. Alle, die auf dem Sterbebett lagen, wurden beerdigt. Verwirrt durch diese Erfahrungen fragte ich eines Tages meine Pastoren, warum niemand geheilt wird. Ich erkannte, dass meine Pastoren über die Situation genauso verwirrt waren wie ich. Sie erwiderten so etwas wie: „Ich weiß nicht. Ich verstehe es auch nicht, warum sie nicht geheilt werden. Wir machen einfach so weiter wie bisher, halten am Glauben fest und lieben die Menschen."

Menschen zu lieben ist das Fundament des Dienstes, und ohne Liebe ist Kraft bedeutungslos (1. Korinther 13,2). Aber ohne Kraft kann Liebe nicht in ihrer Fülle ausgedrückt werden. Wir sollten nicht weiterhin einen kraftlosen Dienst tun, ohne zu wissen, was der Wille des Vaters ist (Epheser 5,17). Gibt es Gründe, warum Menschen nicht geheilt werden? Gibt es Gründe, warum so wenig Wunder geschehen? Warum erleben wir nicht dieselben Geschichten, wie wir sie in den Evangelien und der Apostelgeschichte lesen? Es gibt viele Gründe, warum wir keine Wunder erleben. Aber ich möchte mich in diesem Kapitel auf einen der wichtigsten Gründe konzentrieren.

Viele Menschen haben ein falsches Bild von Jesus, und ich gehörte zu ihnen. Auf einem Autoaufkleber kannst du lesen: „Wenn du das nächste Mal denkst, dass du perfekt bist, dann versuch mal, auf dem Wasser zu laufen." Oder Sprüche wie dieser: „Schau nicht mich an! Ich bin nicht Jesus!" Oder ein anderes Beispiel: „Oh, wenn nur Jesus hier gewesen wäre, dann wäre dieser Mensch geheilt worden." Von der Predigt bis zu alltäglichen Sprüchen und Weisheiten, die meisten von uns haben diese Lüge geglaubt: Jesus war in der Lage all diese Wunder zu tun, die Kranken zu heilen und Dämonen auszutreiben, weil er Gottes Sohn ist. Wir können so etwas nicht tun, weil wir nur Menschen sind.

Die Anhänger dieser Theologie sagen oft: „Die Kranken zur Zeit Jesu wurden deshalb geheilt, weil der Sohn Gottes auf der Erde war. Natürlich wurden alle Dämonen ausgetrieben! Sie hatten gegen den Sohn Gottes keine Chance! Tote auferwecken? Wer konnte das sonst tun, außer Jesus, der Sohn Gottes?"

Durch diese Art von Theologie erheben wir Jesus in eine Stellung, die wir in unserem Leben und Dienst nie erreichen können. Wenn wir es dennoch versuchen würden, würden uns die anderen „Gläubige" verspotten und sagen: „Was glaubst du, wer du bist? Jesus?!" Wenn wir nicht die gleichen Wunder und Heilungen in unserem Dienst erleben wie bei Jesus, dann haben wir eine fromm klingende theologische Entschuldigung: „Ich kann das nicht, weil ich nicht Jesus, der Sohn Gottes, bin."

Die Wahrheit

Ich begann an eine Wahrheit zu glauben, die mein Denken radikal veränderte. Diese neue Erkenntnis ist eine Säule meines Glaubens geworden. Sie erhebt Jesus noch mehr und gibt ihm mehr Ehre als das, was ich vorher angenommen hatte.

Was das ist?

Jesus tat alles auf der Erde als ein Mensch, ohne irgendwelche seiner Privilegien als Sohn Gottes in Anspruch zu nehmen. Ich werde im Verlauf dieses Kapitels im Detail erklären, wie das möglich war. Lass uns zuerst zwei Aussagen miteinander vergleichen.

Traditioneller Glaube: Jesus war in der Lage, all die in den Evangelien genannten Wunder zu tun, weil er Gottes Sohn war.

Wahrheit: Jesus vollbrachte all die Wunder nicht als Sohn Gottes, sondern als Mensch, der dem Vater völlig ergeben war und der durch den Heiligen Geist ermächtigt wurde.

Traditioneller Glaube: gibt uns eine Ausrede, wenn keine Wunder geschehen und das ist ein Grund, weswegen viele nicht glauben können.

Die Wahrheit hingegen erweckt Glauben, wodurch das Übernatürliche möglich wird. Wenn Jesus als Mensch Zeichen und Wunder vollbrachte, dann sollte mich das ebenso motivieren.

Lass uns einige Bibelstellen ansehen, von denen diese traditionelle Lehre abgeleitet wurde:

Habt diese Gesinnung in euch, die auch in Christus Jesus war, 6 der in Gestalt Gottes war und es nicht für einen Raub hielt, Gott gleich zu sein. 7 Aber er machte sich selbst zu nichts und nahm Knechtsgestalt an, indem er den Menschen gleich geworden ist8, und der Gestalt nach wie ein Mensch befunden, erniedrigte er sich selbst und wurde gehorsam bis zum Tod, ja, zum Tod am Kreuz. 9 Darum hat Gott ihn auch hoch erhoben und ihm den Namen verliehen10, der über jeden Namen ist.

Philipper 2,5-10

Vers 6 und 7 in dieser Bibelstelle sagt aus, dass Jesus Gott gleich war. Alle Personen der Gottheit haben dasselbe Wissen, dieselbe Kraft und dieselben Fähigkeiten. Jesus ist ebenso Gott, wie der Vater oder der Heilige Geist. Aber er tat etwas Erstaunliches. Er entäußerte sich. Im Griechischen bedeutet das: „Er machte sich selbst zu nichts". Wie entäußerte er sich? Welcher Teil von ihm wurde eliminiert? Jesus legte, als er auf Erden geboren wurde, seine Allwissenheit, Kraft und Fähigkeiten, die er als göttliches Wesen hatte, ab, und wurde völlig Mensch. Er begrenzte sich selbst. Er war immer noch Gott, aber er gebrauchte keine seiner göttlichen Privilegien oder Kräfte.

In der Bibel sehen wir, dass Jesus nicht alles wusste, als er auf der Erde war. Betrachte diese Verse:

Als aber Jesus es hörte, wunderte er sich und sprach zu denen, die nachfolgten: Wahrlich, ich sage euch, bei keinem in Israel habe ich so großen Glauben gefunden.

Matthäus 8,10

Und er sah von weitem einen Feigenbaum, der Blätter hatte, und er ging hin, ob er wohl etwas an ihm fände: und als er zu ihm kam, fand er nichts als Blätter, denn es war nicht die Zeit der Feigen.

Markus 11,13

Und sogleich erkannte Jesus in sich selbst die Kraft, die von ihm ausgegangen war, wandte sich um in der Volksmenge und sprach: Wer hat mein Gewand angerührt? Und seine Jünger sagten zu ihm: Du siehst, dass die Volksmenge dich drängt, und du sprichst: Wer hat mich angerührt? Und er blickte umher, um die zu sehen, die dies getan hatte.

Markus 5,30-32

All diese Bibelstellen zeigen, dass Jesus seine Allwissenheit abgelegt hatte und sich darauf beschränkte, wie ein Mensch auf die Welt zu kommen. Wie kann sich jemand wundern, der alles weiß? Warum suchte Jesus nach Feigen an dem Baum, wenn er doch eigentlich hätte wissen müssen, dass der Baum noch keine trägt? Warum fragte Jesus nach der Person, die ihn berührte?

Jesus wusste die übernatürlichen Dinge auf der Erde durch den Heiligen Geist

Sogar nach der Betrachtung dieser Bibelstellen könnten einige noch anderer Meinung sein und sagen: „Jesus konnte tun, was er wollte, weil er der Sohn Gottes war." Wenn diese Aussage richtig ist, dann hat Jesus eine wunderbare Möglichkeit in seiner Heimatstadt ausgelassen.

> *Und er konnte dort kein Wunderwerk tun, außer dass er wenigen Schwachen die Hände auflegte und sie heilte. Und er wunderte sich über ihren Unglauben. Und er zog durch die Dörfer ringsum und lehrte.*
>
> Markus 6,5-6

Diese Bibelstelle zeigt, dass Jesus in seiner Heimatstadt keine mächtigen Wunder tun konnte. Es heißt dort nicht, „er wollte nicht", sondern „er konnte nicht". Was wäre ein besserer Ort gewesen, Wunder zu tun und damit zu beweisen, dass er Gottes Sohn ist, als seine ungläubige Heimatstadt?

Das Leben von Jesus ist für uns ein Vorbild. Wenn er die Dinge, die er tat, als Sohn Gottes wirkte, dann können wir das niemals wiederholen, denn wir sind nicht Gott. Aber, wenn er diese Dinge durch den Heiligen Geist vollbrachte, dann sind wir inspiriert, es ihm gleich zu tun.

Wenn wir uns das erste Wunder ansehen, das Jesus gewirkt hat, nähern wir uns dem tatsächlichen Hintergrund:

Diesen Anfang der Zeichen machte Jesus zu Kana in Galiläa und offenbarte seine Herrlichkeit: und seine Jünger glaubten an ihn.

Johannes 2,11

Warum hatte Jesus vorher keine Wunder getan? Gibt es einen Grund, warum dies sein erstes Wunder war? Gab es irgendwelche Voraussetzungen für die Wunder, die durch Jesus geschahen? Lass uns noch einige Bibelstellen ansehen.

Es geschah aber, als das ganze Volk getauft wurde und Jesus getauft war und betete, dass der Himmel geöffnet wurde und der Heilige Geist in leiblicher Gestalt wie eine Taube auf ihn herabstieg und eine Stimme aus dem Himmel kam: Du bist mein geliebter Sohn, an dir habe ich Wohlgefallen gefunden.

Lukas 3,21-22

Und Jesus kehrte in der Kraft des Geistes nach Galiläa zurück, und die Kunde von ihm ging hinaus durch die ganze Umgegend.

Lukas 4,14

Der Geist des Herrn ist auf mir, weil er mich gesalbt hat, Armen gute Botschaft zu verkündigen: er hat mich gesandt, Gefangenen Freiheit auszurufend und Blinden, dass sie wieder sehen, Zerschlagene in Freiheit hinzusenden,…

Lukas 4,18

> *Jesus von Nazareth, wie Gott ihn mit Heiligem Geist und mit Kraft gesalbt hat, der umherging und wohltat und alle heilte, die von dem Teufel überwältigt waren, denn Gott war mit ihm.*
>
> Apostelgeschichte 10,38

In diesen Bibelstellen kann man sehen, dass Jesus keine Kranken heilte, bevor der Heilige Geist auf ihn kam. Er trieb keine Dämonen aus, weckte keine Toten auf und tat keine Wunder. Erst nachdem der Heilige Geist auf Jesus kam, geschahen solche Wunder und die Dämonen gerieten in Panik, wo immer er hin ging. (Markus 1,21-28; 34). Hast du gesehen, dass Dämonen, bevor Jesus mit dem Heiligen Geist erfüllt war, sich nie in der Synagoge manifestierten? Wir haben keinen Bericht darüber, dass Dämonen sich schreiend bemerkbar machten, bevor der Heilige Geist auf Jesus kam. Warum? Weil er sich seiner Göttlichkeit entledigt hatte und Mensch wurde, dass selbst die Dämonen ihn nicht erkannten. Satan versuchte Jesus erst, nachdem er mit dem Geist Gottes erfüllt war. Nicht einmal Satan hat ihn vorher erkannt! Aber als der Heilige Geist auf ihn kam, wurde er eins mit dem Heiligen Geist.

Christus heißt „der Gesalbte". Zu salben bedeutet im Griechischen „einzuschmieren". Gott salbte Jesus mit Heiligem Geist, das bedeutet: der Vater schmierte und bedeckte Jesus mit der Gegenwart, der Kraft und der Person des Heiligen Geistes. Die Dämonen reagierten auf die Gegenwart und Kraft des Heiligen Geistes, die auf Jesus war. Jesus vollbrachte jedes Wunder als ein Mensch, der durch die Person des Heiligen Geistes Vater Gott ergeben war.

Nun, lass uns betrachten, wie Jesus geführt wurde, wenn er Wunder tat:

> *Da antwortete Jesus und sprach zu ihnen: Wahrlich, wahrlich, ich sage euch: Der Sohn kann nichts von sich selbst tun, außer was er den Vater tun sieht: denn was der tut, das tut ebenso auch der Sohn. Denn der Vater hat den Sohn lieb und zeigt ihm alles, was er selbst tut: und er wird ihm größere Werke als diese zeigen, damit ihr euch wundert.*
>
> Johannes 5,19-20

> *Denn ich bin vom Himmel herabgekommen, nicht dass ich meinen Willen tue, sondern den Willen dessen, der mich gesandt hat.*
>
> Johannes 6,38

Diese Bibelstellen zeigen, dass Jesus jedes einzelne Wunder unter der Leitung und Führung des Vaters vollbrachte. Jesus hatte sich von seiner Gottheit entäußert, dass er unfähig war, diese Wunder aus sich selbst heraus zu tun. Er war völlig abhängig vom Vater. Wie hat der Vater seinen Willen offenbart und Jesus geleitet? Der Vater offenbarte seinen Willen dem Heiligen Geist, und der Heilige Geist offenbarte ihn dann Jesus. Der Heilige Geist ist der Überbringer und der Offenbarer des Willens des Vaters (Lukas 4,1; Matthäus 10,19-20).

Manchmal denken wir, dass das Leben von Jesus total unterschiedlich von unseren Erfahrungen war. Manche glauben, dass Jesus automatisch immer den Willen des Vaters erkannte, aber das ist so nicht richtig. Jesus erkannte den Willen des Vaters durch den Heiligen Geist, genauso wie wir ihn heute erkennen können. Der Heilige Geist ist der Kommunikationskanal zwischen Gott und uns. Jesus erfuhr den Willen Gottes durch Eindrücke, Visionen, Träume oder Engel. Das sind genau die Offenbarungsgaben des Heiligen Geistes, die der Gemeinde gegeben wurden (1. Korinther 12,7-10). Wir werden in Kapitel 6 darüber mehr erfahren.

Jesus und der Heilige Geist hatten eine sehr innige Beziehung. Der Fokus von Jesus und seine Aufmerksamkeit waren immer auf den Heiligen Geist gerichtet, selbst wenn Menschen seine Zeit und Energie in Anspruch nahmen. Lass uns eine kleine Geschichte lesen, über eine Frau, die geheilt wurde. Wenn wir ihre Geschichte lesen, fokussiere dich nicht auf den Heilungsaspekt, sondern vielmehr auf die Beziehung, die Jesus mit dem Heiligen Geist hatte.

> *Es geschah aber, als Jesus zurückkehrte, nahm ihn die Volksmenge auf, denn alle erwarteten ihn. Und siehe, es kam ein Mann mit Namen Jaïrus — und er war Vorsteher der Synagoge — und fiel Jesus zu Füßen und bat ihn, in sein Haus zu kommen: denn er hatte eine einzige Tochter von etwa zwölf Jahren, und diese lag im Sterben. Während er aber hinging, drängten ihn die Volksmengen. Und eine Frau, die seit zwölf Jahren mit einem Blutfluss behaftet war und, obgleich sie ihren ganzen Lebensunterhalt an die Ärzte verwandt hatte, von niemand geheilt werden konnte, kam von hinten heran und rührte die Quaste seines Gewandes an: und sogleich hörte ihr Blutfluss auf. Und Jesus sprach: Wer ist es, der mich angerührt hat? Als aber alle es abstritten, sprach Petrus: Meister, die Volksmengen drängen und drücken dich! Jesus aber sprach: Es hat mich*

jemand angerührt: denn ich habe gespürt, dass Kraft von mir ausgegangen ist. Als die Frau aber sah, dass sie nicht verborgen blieb, kam sie zitternd und fiel vor ihm nieder und berichtete vor dem ganzen Volk, um welcher Ursache willen sie ihn angerührt habe und wie sie sogleich geheilt worden sei. Er aber sprach zu ihr: Tochter, dein Glaube hat dich geheilt. Geh hin in Frieden!

Lukas 8,40-48

Stell dir vor, du wärst Jesus. Du kommst gerade zurück in die Stadt und wirst von vielen Menschen willkommen geheißen. Wie viele waren da? Wir wissen es nicht genau. Es könnten Hunderte oder Tausende gewesen sein. Stell dir vor, Hunderte rufen deinen Namen. Alle drängeln sich, nur um einen Blick auf dich zu erhaschen. Sicherlich gibt es viele, die deinen Namen rufen und dich zu sich nach Hause einladen wollen, oder andere, die dich bitten wollen für die Kranken in ihrem Haus zu beten. Viele fassen dich an, berühren dich, denn sie haben wunderbare Geschichten von Menschen gehört, die geheilt wurden und von Geplagten, die befreit wurden. Es war der völlige Wahnsinn!

Auch wenn ich es nicht völlig nachvollziehen kann, wie es für Jesus war, hatte ich doch ein ähnliches Erlebnis. In Maharashtra hielten wir eine eintägige Heilungsversammlung in einer dörflichen Gegend, und der Heilige Geist begann mächtig zu wirken. Etliche Taube begannen zu hören und andere wurden spontan geheilt. Am Ende der Veranstaltung ging ich von der kleinen Bühne, um noch für einzelne zu beten, als die Menge auf mich zukam. Ich bekam Angst, weil sie sich gegenseitig wegstießen, um mich zu erreichen. Es gab keinen Ausweg. Ich war umstellt! Meine Freunde zogen mich augenblicklich zurück auf die Bühne.

Das war kein schönes Erlebnis. Dort waren nur zwei- bis dreihundert Menschen, aber die Menge bei Jesus war viel größer.

Zurück zur Geschichte. Stell dir vor, du bist in der Menge, die sich langsam zu Jaïrus‘ Haus vorwärtsschiebt. Du hörst deinen Namen, und Menschen berühren dich, andere wollen dich festhalten. Das einzige Sicherheitspersonal, das du hast, sind deine Jünger. Sie versuchen ihr Bestes, dich vor der Menge zu schützen, aber ohne Erfolg.

Worauf ist deine Aufmerksamkeit gerichtet? Was denkst du? Wenn du wie ich eine gewöhnliche Person bist, dann wird deine gesamte Aufmerksamkeit auf der Menge sein und wie du am schnellsten zu Jaïrus‘ Haus kommst, bevor seine Tochter stirbt.

Die Aufmerksamkeit von Jesus war nicht auf die Menge gerichtet, sondern auf den Heiligen Geist. Er spürte es, als plötzlich Kraft von seinem Körper ausging. Jesus spürte es, als der Heilige Geist sich bewegte. Er erkannte, dass der Heilige Geist jemanden berührt hatte. Ich stelle mir vor, dass Jesus sagte: „Hallo Heiliger Geist, ich spüre gerade, dass du jemanden berührt hast. Was ist passiert?“ Der Heilige Geist lächelte und erwiderte: „Frag die Menschen um dich herum, wer dich berührt hat.“

Erkennst du diese Vertrautheit? Jesus hatte solch eine tiefe Beziehung mit dem Heiligen Geist entwickelt, dass er die leichteste Bewegung seiner Gegenwart und Kraft wahrnahm. Du nimmst das wahr, worauf du deine Aufmerksamkeit gerichtet hast. Je vertrauter du mit ihm bist, desto mehr nimmst du ihn wahr.

Als Jesus dann seine Jünger fragte: „Wer hat mich berührt?" dachten sie, es wäre eine absurde Frage. Ich kann mir vorstellen, dass sie dachten: „Was? Was hat der Lehrer gefragt? Wer ihn berührt hat? Hunderte haben ihn berührt und gerade jetzt berühren ihn noch mehr! Was stellt er für eine Frage?" Die Aufmerksamkeit der Jünger war ganz auf die Menge und nicht auf den Heiligen Geist gerichtet.

Es ist für uns ebenfalls möglich, eine solch tiefe Beziehung mit dem Heiligen Geist zu haben. Jesus demonstriert uns seine tiefe Vertrautheit mit dem Geist und lädt uns ein, sie selbst zu erfahren.

Der Heilige Geist war für Jesus in jeder Beziehung entscheidend. Er sagte Jesus, wohin er gehen und wem er dienen sollte (Markus 1,35-39), er half ihm bei der Auswahl seiner Jünger (Markus 3,13-15), wie er die Kranken heilen und Wunder vollbringen sollte (Markus 7,32-34; Johannes 9,1-9) und was er sagen und lehren sollte (Lukas 20,21-25; Johannes 14,10). Deshalb hatte Jesus 100 % Erfolg in allem, was er tat.

Wer die Sünde tut, ist aus dem Teufel, denn der Teufel sündigt von Anfang an. Hierzu ist der Sohn Gottes offenbart worden, damit er die Werke des Teufels vernichte.

1. Johannes 3,8

Es gibt viele Gründe, warum Jesus auf die Erde kam. Einer davon ist, dass er die Werke des Teufels zerstörte. Diese Werke sind: Krankheit, Gebrechen, Tod, Sünde und dämonische Bedrängnis. Aber es war nicht Jesus, der diese Werke zerstörte. Es geschah durch die Person des Heiligen Geistes. (Apostelgeschichte 10,38)

> *Wer sagt, dass er in ihm bleibe, ist schuldig, selbst auch so zu wandeln, wie er gewandelt ist.*
>
> 1. Johannes 2,6

Der Apostel Johannes ermahnt uns, dass wir ein Leben wie Jesus führen sollen. Das bedeutet nicht nur, ein reines und heiliges Leben zu führen, Gott und die anderen Menschen zu lieben, sondern auch die Kraft und Gegenwart des Heiligen Geistes zu empfangen und darin zu wandeln.

Weil die Gemeinde solche Kompromisse eingegangen ist und Unglauben akzeptiert hat, scheint dieses Ziel für viele unerreichbar und unrealistisch. Entweder tun wir tiefe Buße über unser lauwarmes geistliches Leben und vertrauen Gott mit unserem ganzen Herzen, bis das Leben Jesu Realität für uns wird, oder wir rechtfertigen unser kraftloses Leben. Viele Leiter in der Gemeinde haben sich für die zweite Möglichkeit entschieden. Selbst wenn einige die Lehre dieses Kapitels akzeptieren, entschuldigen sie ihren Mangel, indem sie sagen: „Jesus hatte den Geist ohne Maß. Deshalb können wir nicht all das tun, was Jesus tat", und nehmen Bezug auf Johannes 3,34. Dieses Denken steht im krassen Widerspruch zu dem, was Jesus kühn im Johannesevangelium verkündet:

Wahrlich, wahrlich, ich sage euch: Wer an mich glaubt, der wird auch die Werke tun, die ich tue, und wird größere als diese tun, weil ich zum Vater gehe.

Johannes 14,12

Wenn es unmöglich ist, in demselben Maß des Geistes zu leben, das Jesus hatte, dann stimmt die Aussage in Johannes 14,12 nicht. Wie sollen wir dieselben Werke wie Jesus tun und sogar noch größere, wenn wir den Heiligen Geist in einem geringeren Maß haben als er?

Wir haben ein Maß des Geistes, aber es ist nicht Gott, der das Maß begrenzt. Wir setzen die Begrenzung selbst, abhängig von unserem Hunger nach ihm (Matthäus 5,6).

In der Geschichte gab es viele herausragende Männer und Frauen Gottes, die den Heiligen Geist in Fülle hatten. Zum Beispiel John G. Lake, Smith Wigglesworth, Kathryn Kuhlman und andere. Ich möchte einen Moment über Kathryn Kuhlman reden. Sie war eine einfache Frau, die im Gegensatz zu vielen Leitern heute keine besonderen Gaben hatte. Sie war keine talentierte Anbetungsleiterin, noch war sie eine begabte Rednerin. Sie hatte nichts vorzuweisen, außer ihrer großen Liebe zum Heiligen Geist. Er war alles für sie. Sie diente in großen Versammlungen, die Stadien füllten und wo unglaubliche Wunder geschahen. In manchen Städten, wo sie über mehrere Tage ihre Versammlungen abhielt, leerten sich die Krankenhäuser aufgrund der unglaublichen Heilungskraft.

Vor und nach den Versammlungen musste sie aufgrund der großen Menschenmengen durch die Hintertür das Gebäude betreten. In einem großen Hotel musste sie durch die Küche auf die Bühne gehen, damit sie nicht von der Menschenmenge in Beschlag genommen wurde. Als sie ohne etwas zu sagen durch die Küche ging, fiel das Küchenpersonal auf die Knie, tat Buße und schrie zu Gott um Gnade. Ein anderes Mal war sie auf einem Flughafen auf dem Weg zu ihrem Flug, als sie an einer Frau im Rollstuhl vorbeiging. Die Frau im Rollstuhl wurde von der Gegenwart und Kraft Gottes, die um Kathryn Kuhlman war, getroffen. Sie wurde spontan geheilt und stand aus ihrem Rollstuhl auf.

Das Leben Jesu und diese Zeugnisse von Männer und Frauen Gottes sind eine Einladung an dich. Du bist eingeladen, mit dem Heiligen Geist zu wandeln, so wie sie es taten. Höre seine Stimme, lass den Glauben in deinem Herzen aufstehen und lerne diesen kostbaren Heiligen Geist immer mehr kennen!

5

ZUSAMMENARBEIT MIT DEM HEILIGEN GEIST

Seiner Stimme gehorchen

Vor vielen Jahren betete ich an einem Donnerstagabend zum Herrn. Am nächsten Tag war ich zu einer Heilungsversammlung in einem Ort außerhalb Varanasis im Norden Indiens eingeladen, um dort zu dienen. Ich war aufgeregt und fragte den Herrn, was ich predigen sollte. Ich wartete, aber ich bekam keine Antwort. Einige Zeit verstrich und ich fragte den Herrn erneut: „Herr, ich möchte das predigen, was du möchtest. Rede zu mir." Sofort sah ich eine Vision. In der Vision stand ich vor ungefähr 90 Menschen in einer Kirche. Ich sah, wie ich selber predigte, aber aus der Perspektive der Zuhörer. Binnen Sekunden verschwamm die Vision und ich hatte Schwierigkeiten, klar zu sehen. Einige Bereiche waren überhaupt nicht zu sehen, andere waren sehr verschwommen. Ich fragte den Herrn: „Herr, was willst du mir zeigen? Ich verstehe es nicht." Sofort hörte ich die Stimme des Heiligen Geistes: „Es wird eine Frau in der Versammlung sein, deren linkes Auge blind ist. Sie sieht die Dinge genauso verschwommen, wie du gerade eben. Bete für sie, ehe du predigst."

Die ganze Vision dauerte nur einige Sekunden und die Stimme sprach sehr schnell. Ich öffnete meine Augen und schrieb auf einen Zettel: „Frau, blind auf dem linken Auge." Dann schloss ich meine Augen und fragte den Herrn wieder, was ich predigen sollte. Ich wartete und sah eine weitere Vision. In der Vision sah ich eine Frau, die einen roten Sari (ein typisch indisches Kleid) trug. Sie öffnete und schloss ihren Mund sehr schnell, immer wieder. Ich verstand es nicht und so fragte ich: „Herr, was bedeutet das? Ich verstehe auch diese Vision nicht." Diesmal hörte ich keine Stimme, sondern sah ein blinkendes Licht in den Kiefergelenken, wann immer die Frau ihren Mund öffnete und schloss. Ich wusste in meinem Geist, dass sie unter Schmerzen in ihrem Kiefergelenk litt. Ich öffnete meine Augen und schrieb auch das auf. Ich fragte den Herrn weiter, was ich mitteilen sollte, und bekam schließlich keine weitere Führung.

Freitagmorgen fuhr ich zu der Versammlung und war sehr aufgeregt. Als ich ankam, waren ca. 90 Menschen anwesend. Nach dem Lobpreis bekam ich das Mikrofon. Ich stand kühn auf und sagte: „Hier ist eine Frau, deren linkes Auge blind ist. Gott wird dich jetzt heilen! Steh auf!"

Ich sah mich um und zu meiner Überraschung stand niemand auf. Ich wurde plötzlich sehr nervös. In der Halle war es totenstill. Alle starrten mich an und ich stellte mir ihre Gedanken vor: „Wer ist dieser Verrückte?"

Ich wartete einen Moment und sagte dann mit etwas weniger Zuversicht: „Ok, ich glaube, dass eine Frau hier ist, die auf dem linken Auge blind ist. Wenn dem so ist, steh bitte auf." Ich beschrieb die verbliebene Sehfähigkeit, so wie ich es in der Vision gesehen hatte. Ich blieb einige Sekunden stehen und wartete, damit die Menschen reagieren konnten. Jede Sekunde fühlte sich wie Minuten an, und niemand stand auf.

Ich begann heftig zu schwitzen. Es war Mai und ich schwitzte bereits, aber nun begann mir der Schweiß in Strömen herunterzulaufen. Ich wurde unsicher und dachte: „Was mache ich jetzt?" Es herrschte Totenstille und alle starrten mich an.

Ich sammelte meine Kräfte und fragte noch einmal. „Bitte, hört mir genau zu. Wenn es eine Frau in dieser Versammlung gibt, deren linkes Auge blind ist, dann stehe bitte auf."

Ich wartete einige weitere Sekunden, als eine Frau aus dem hinteren Teil der Versammlung sagte: „Oh, das bin ich, mein linkes Auge ist blind!" Ich dachte: „Warum bist du nicht eher aufgestanden?" Als sie stand, fiel mir etwas sehr Wichtiges auf - von dort, wo sie stand hatte sie dieselbe Perspektive, wie ich mich in der Vision hatte predigen sehen. Sie kam nach vorne, ich legte meine Hand auf ihr Auge und sagte: „In Jesu Namen, ich…."

Ich sprach nur diese wenigen Worte, bevor ihr blindes Auge geöffnet wurde und sie klar sehen konnte. „Ich kann sehen! Ich kann sehen!" schrie sie freudig.

Ich fühlte mich bestätigt und wurde wieder kühn. Dann sagte ich: „Es gibt hier mindestens eine Frau, die Schmerzen in den Kiefergelenken hat, wenn sie den Mund auf und zu macht." Zu meiner Überraschung kamen drei Frauen nach vorne und in der Sekunde, wo ich betete, BAM! jede der Frauen war spontan geheilt! Das war der Beginn einer wunderbaren Heilungsversammlung in den Anfangsjahren meines Dienstes.

Was ist Gottes Wille?

Dein Reich komme: dein Wille geschehe, wie im Himmel, so auch auf Erden!

Matthäus 6,10

In diesem Kapitel möchte ich dir zeigen, wie wir mit dem Heiligen Geist als Partner zusammenarbeiten können, damit der Himmel auf der Erde Realität wird. Es war der Heilige Geist, der mir diese Visionen zeigte und der die Menschen heilte. Aber ohne meine Mitarbeit, bewegte er sich nicht und es wären keine Wunder ohne seine Führung und Kraft geschehen, egal wie stark ich gebetet oder wie lange ich gefastet hätte.

Der Wille Gottes ist, sein Königreich auf Erden aufzurichten. Im Himmel gibt es keine Krankheit. Im Himmel gibt es keine Dämonen. Im Himmel gibt es keine Angst, Bedrängnis, Depression, Armut oder Flüche. Es ist ausschlaggebend für die Zusammenarbeit mit dem Heiligen Geist, dass wir die Merkmale des Königreiches Gottes kennen.

> *Und er zog in ganz Galiläa umher, lehrte in ihren Synagogen und predigte das Evangelium des Reiches und heilte jede Krankheit und jedes Gebrechen unter dem Volk. Und die Kunde von ihm ging hinaus in ganz Syrien: und sie brachten zu ihm alle Leidenden, die mit mancherlei Krankheiten und Qualen behaftet waren, und Besessene und Mondsüchtige und Gelähmte: und er heilte sie.*
>
> Matthäus 4,23-24

Im vorigen Kapitel lernten wir, dass Jesus alle seine Werke als Mensch in der Kraft des Heiligen Geistes vollbrachte und dass er dem Vater völlig ergeben war. Jesus predigte die gute Nachricht von dem Königreich des Himmels (Matthäus benutzt das Wort „Königreich des Himmels". Markus benutzt den Begriff „Königreich Gottes". Beide bedeuten dasselbe). Welche Botschaft predigte Jesus? Er predigte die gute Nachricht von dem Königreich des Himmels / Gottes. Der Heilige Geist bestätigte seine Botschaft mit Kraft, und folglich wurden die Kranken geheilt und die Dämonisierten befreit. Lass uns eine weitere Bibelstelle ansehen, die uns noch tieferen Einblick in das Königreich des Himmels gibt.

Dann wurde ein Besessener zu ihm gebracht, blind und stumm: und er heilte ihn, so dass der Stumme redete und sah. Und es erstaunten die ganzen Volksmengen und sagten: Dieser ist doch nicht etwa der Sohn Davids? Die Pharisäer aber sagten, als sie es hörten: Dieser treibt die Dämonen nicht anders aus als durch den Beelzebul, den Obersten der Dämonen. Da er aber ihre Gedanken wusste, sprach er zu ihnen: Jedes Reich, das mit sich selbst entzweit ist, wird verwüstet: und jede Stadt oder jedes Haus, die mit sich selbst entzweit sind, werden nicht bestehen. Und wenn der Satan den Satan austreibt, so ist er mit sich selbst entzweit. Wie wird denn sein Reich bestehen? Und wenn ich durch Beelzebul die Dämonen austreibe, durch wen treiben eure Söhne sie aus? Darum werden sie eure Richter sein. Wenn ich aber durch den Geist Gottes die Dämonen austreibe, so ist also das Reich Gottes zu euch gekommen.

Matthäus 12,22-28

Das ist eine spannende Geschichte. Erstens können wir festhalten, dass die Person aufgrund von dämonischer Bindung blind und stumm war. Als der Dämon ausgetrieben war, konnte die Person wieder sehen und sprechen. Jesus beantwortet die absurden Anschuldigungen der Pharisäer und erklärt, was in der geistlichen Welt passiert. Jesus selbst sagt, dass er Dämonen durch den Geist Gottes austreibt. Es war streng genommen der Heilige Geist, der den Dämon austrieb, aber der Befehl dazu wurde von Jesus gegeben. Der Heilige Geist, der den Dämon austrieb, offenbarte das Königreich Gottes gegenüber dem Belasteten und es folgte die körperliche Heilung. Es gibt vier ausschlaggebende Dinge, die wir aus dieser Geschichte lernen:

1. Es gibt nur zwei Arten von Geistern: Dämonische Geister und den Heiligen Geist. Dämonische Geister offenbaren das Königreich der Finsternis, und der Heilige Geist ist die Kraft Gottes, die das Königreich des Himmels offenbart.
2. Es gibt nur zwei Königreiche: Das Königreich des Himmels und das Königreich der Finsternis. Jedes Königreich wird von den entsprechenden Geistern bzw. dem Heiligen Geist beherrscht.
3. Jedes Königreich offenbart seine Früchte. In diesem Szenario verursachte das Königreich der Finsternis Blindheit und Stummheit. Das Königreich des Himmels brachte Heilung.
4. Den Geistern ist Macht übertragen worden, um Autorität auszuüben. Der blinde und stumme Mann gab den Dämonen Autorität in seinem Leben (Sprüche 26,2; Klagelieder 5,7). Jesus gebrauchte seine Autorität, indem er den Dämonen befahl, aus dem Mann auszufahren.

Der Heilige Geist reagierte auf die Vollmacht Jesu und trieb den dämonischen Geist aus. So offenbarte der Heilige Geist das Königreich des Himmels. Bevor Jesus nicht dem bösen Geist gebot, den Mann zu verlassen, hat der Heilige Geist ihn nicht ausgetrieben, d.h. Jesus war vom Heiligen Geist abhängig. Der Heilige Geist trieb die Dämonen nicht aus, bevor Jesus die Befehle gab: der Heilige Geist ist abhängig von Jesus. Lass mich ein weiteres Zeugnis als Illustration dazu erzählen:

Ich war in Delhi und sprach am Sonntagabend in einer kleinen Gemeinde. Nach der Predigt lud ich zum Heilungsgebet ein. Eine junge Frau, ca. 21 Jahre alt, kam nach vorne. Ihr Gesicht sah betrübt aus, sie war sehr depressiv und entmutigt. Wusstest du, dass das die Kennzeichen des Königreichs der Finsternis sind? Gefühle sind oft die Früchte des Königreichs, in der die jeweilige Person lebt. Das Königreich des Himmels bringt Freude, Frieden und Hoffnung. Das Königreich der Finsternis bringt Depression, Hoffnungslosigkeit und Furcht. Als sie zu mir kam, fragte ich die Frau, was ihr Problem sei und wie ich für sie beten könnte. Sie sagte mir, dass sie seit acht Monaten ständig Unterleibsschmerzen hätte. Sie war bei verschiedenen Ärzten gewesen und nahm Medikamente, aber nichts half.

Ich bat sie, ihre Hand auf ihren Bauch zu legen. Dann legte ich meine Hand auf ihre und betete: „In Jesu Namen, Heiliger Geist, ich lade deine Gegenwart ein. Komm. Ich spreche zu diesem Schmerz und befehle ihm zu weichen." In dem Moment, als ich den Befehl ausgesprochen hatte, bemerkte ich eine Veränderung in ihrem Gesichtsausdruck. Ich fragte sie, wie es ihr gehe. „Oh, oh, der Schmerz ist weg. Ich habe keine Schmerzen mehr!" Sie lächelte, als sie es sagte. Ich lächelte zurück und sie ging auf ihren Platz.

Nach ungefähr zehn Minuten, während ich für einige andere gebetet hatte, kam sie mit dem gleichen niedergeschlagenen Gesichtsausdruck zurück. Ich fragte sie, was geschehen sei. Sie antwortete, der Schmerz wäre zurückgekehrt. Ich dachte, das ist seltsam, erst verschwindet der

Schmerz sofort und dann ist er genauso schnell wieder da. Aus meiner Erfahrung wusste ich, dass es sich um einen Plagegeist handelt, aber bevor ich wieder für sie betete, fragte ich sie: „Als vor acht Monaten diese Schmerzen anfingen, geschah da etwas Bedeutsames in deinem Leben? Egal, ob etwas Gutes oder Schlechtes."

Sie schaute mich etwas überrascht an und sagte: „Richtig. Ich war mit Zwillingen im siebten Monat schwanger. Plötzlich starben beide Zwillinge. Die Ärzte gaben mir Medikamente, damit die toten Zwillinge geboren wurden. Kurze Zeit später begannen die Bauchschmerzen."

Ich überlegte einen Moment, ob die Medikamente diese Schmerzen verursachten. Aber warum verschwinden die Schmerzen dann und kehren wieder zurück? Überzeugt, dass es ein Plagegeist war, drehte ich mich zu ihr um und befahl: „Du Plagegeist, ich binde dich im Namen Jesu und befehle dir, sie zu verlassen!"

Danach fragte ich sie wieder, wie es ihr gehe. Es gab keine Veränderung, die Schmerzen waren noch da. An diesem Punkt traf ich die weiseste Entscheidung überhaupt. Ich ging einen Schritt zur Seite und mit leiser Stimme fragte ich: „Heiliger Geist, ich habe keine Ahnung, was ich tun soll. Bitte führe mich."

Sobald ich das Gebet beendet hatte, sah ich eine Vision, die drei Sekunden dauerte. In meinem Geist sah ich eine Tafel wie in der Schule. Dann flog ein Stück Kreide durch die Luft und schrieb „Geist des Todes" auf die Tafel. Ohne eine Sekunde zu zögern, drehte ich mich um zu ihr und schrie: „Du Geist des Todes, ich befehle dir, komm aus ihr heraus - jetzt!"

Sofort beugte sie sich nach vorne und begann laut zu husten. Sie hustete neunmal und stand dann wieder aufrecht. Ihr Gesichtsausdruck veränderte sich und sie sagte, „Alle Schmerzen sind weg, und ich habe auch gespürt, dass mich etwas verlassen hat.“ Dann war sie wieder fröhlich und unbeschwert. Ich blieb noch eine Stunde in der Gemeinde und bevor ich ging, fragte ich sie, wie es ihr gehe. Sie sagte, sie sei komplett geheilt worden.

Hier meine Gedanken und Schlussfolgerungen zu dieser Heilung, die durch eine Befreiung von dämonischen Mächten geschah. Der Geist des Todes kam in diese Frau und tötete ihre Zwillinge. Erinnere dich, der Teufel kommt, um zu stehlen, zu töten und zu zerstören (Johannes 10,10). Nachdem er die Ungeborenen getötet hatte, wandte er sich gegen sie und begann sie zu plagen. Als ich meine Hände auf sie gelegt hatte und die Heilungskraft freisetzte, versuchte der Geist sich zu verstecken. Nachdem sie weggegangen war, begann der Geist sie wieder zu plagen. Das ist der Grund, warum manche in die Versammlungen kommen und geheilt werden, aber später kommt die Krankheit zurück. Der Dämon, die Ursache der Krankheit, war nicht ausgetrieben worden. Der Geist des Todes offenbarte das Königreich der Finsternis, indem ihre Ungeborenen starben. Er verursachte Schmerzen in ihrem Körper und Depression in ihrer Seele, während das Königreich des Himmels – durch meine Befehle gemäß der Führung und Kraft des Heiligen Geistes – Heilung und Freude freisetzte.

Bei dieser Heilung, die sich durch Befreiung manifestierte, tat ich sehr wenig. Aber es ist wichtig, dass der Heilige Geist nicht aktiv wurde, bis ich auf ihn gehört und entsprechend reagiert hatte. Der Heilige Geist gab die Offenbarung. Ich gehorchte einfach und befahl gemäß dieser Offenbarung, und dann trieb der Heilige Geist den Dämon aus, und das Königreich Gottes wurde sichtbar. Auf diese Weise arbeiten wir mit dem Heiligen Geist zusammen.

Denn das Reich Gottes ist nicht Essen und Trinken, sondern Gerechtigkeit und Friede und Freude im Heiligen Geist.

Römer 14,17

Das Königreich des Himmels ist völlig vom Heiligen Geist abhängig und wird nur durch ihn offenbar. Der Heilige Geist ist die Kraft in diesem Königreich. Aber es gibt einen Unterschied zwischen Kraft und Autorität. Auf dieser Erde hat Gott uns die Autorität gegeben, seinen Willen zu verwirklichen. Gott wird, ohne die Zusammenarbeit mit uns, seinen Willen nicht realisieren. Das ist unsere Verantwortung.

Unglaubliche Autorität, enorme Verantwortung

Der Himmel ist der Himmel des Herrn, die Erde aber hat er den Menschenkindern gegeben.

Psalm 115,16

Ich werde dir die Schlüssel des Reiches der Himmel geben: und was immer du auf der Erde binden wirst, wird in den Himmeln gebunden sein, und was immer du auf der Erde lösen wirst, wird in den Himmeln gelöst sein.

Matthäus 16,19

Dein Reich komme: dein Wille geschehe, wie im Himmel, so auch auf Erden!

Matthäus 6,10

Die Erde wurde dem Menschen zur Verwaltung gegeben, damit er über sie herrschen sollte. Gott gab uns die Schlüssel, welche die Autorität des Königreichs des Himmels repräsentieren. Diese Autorität wurde uns gegeben. Wir sind die Vermittler zwischen Himmel und Erde, die Gott erwählt hat. Deswegen hat Gott uns beauftragt, mit Autorität zu beten, um sein Königreich zu offenbaren. Es ist unsere Verantwortung, sein Königreich hier auf Erden zu etablieren, damit sein Wille hier auf Erden geschieht.

Aber Autorität ohne Kraft wird sich nicht durchsetzen. Ein Beispiel: ein Polizist wird Zeuge, wie ein Dieb einer Frau die Handtasche stiehlt. Der Polizist schreit den Dieb an: „Stop! Ich verhafte Sie Kraft meines Amtes!“. Aber der Dieb sieht, dass der Polizist keine Pistole, keinen Schlagstock oder sonst eine Waffe dabei hat. Weil der Polizist keine Kraft hat, kann der Dieb entweder flüchten, oder gar den Polizisten angreifen. Der Polizist hat von der Regierung Vollmacht verliehen bekommen, um Menschen einzusperren und die Ordnung aufrechtzuerhalten. Aber ohne Kraft, um diese Autorität durchzusetzen, wie durch eine Pistole, wird er keine große Hilfe sein.

Hier noch ein weiteres Beispiel: Ein Unternehmer kauft ein Stück Land und stellt Mitarbeiter ein. Die Aufgabe des Mitarbeiterteams ist es, Fundamente für ein zehngeschossiges Haus zu legen. Der Unternehmer und die Arbeiter haben alle Genehmigungen von der Behörde, um zu bauen, aber es gibt ein Problem. Die Arbeiter haben nicht die notwendige Ausrüstung, sie haben keinen Bulldozer oder sonstiges schweres Gerät.

Du siehst, Autorität ohne Kraft führt nicht zum Ziel. Wenn Gottes Leute versuchen ohne seine Kraft das Königreich hier auf Erden aufzurichten, wird nur wenig vom Himmel auf dieser Erde sichtbar.

Diejenigen, die Gott sendet, haben auch seine Autorität. Gott sandte Jesus auf die Erde, um zu herrschen und zu regieren. Aber das Königreich wurde durch Jesus erst sichtbar, nachdem er den Heiligen Geist empfing (Lukas 3,21-22; 4,14). Jesus hat nie versucht, seine Autorität ohne Kraft auszuüben. Jesus hat uns gesandt, dieselben Werke, die er tat zu tun (Matthäus 28,18-19, Markus 16,15-18, Johannes 20,21), und er gab uns Autorität, indem er uns aussandte. Aber Jesus befahl uns zu warten, bis wir Kraft empfangen würden, um diese Autorität auszuüben.

Und sprach zu ihnen: So steht geschrieben, und so musste der Christus leiden und am dritten Tag auferstehen aus den Toten und in seinem Namen Buße zur Vergebung der Sünden gepredigt werden allen Nationen, anfangend von Jerusalem. Ihr seid Zeugen hiervon: und siehe, ich sende die Verheißung meines Vaters auf euch. Ihr aber, bleibt in der Stadt, bis ihr bekleidet werdet mit Kraft aus der Höhe!

Lukas 24,46-49

Aber ihr werdet Kraft empfangen, wenn der Heilige Geist auf euch gekommen ist: und ihr werdet meine Zeugen sein, sowohl in Jerusalem als auch in ganz Judäa und Samaria und bis an das Ende der Erde.

Apostelgeschichte 1,8

Häufige Missverständnisse

Der Heilige Geist wird nichts tun, wenn wir nicht unsere Autorität einsetzen. Hier haben viele Gläubige seltsame Vorstellungen. Sie sagen: „Gut, wenn Gott etwas tun möchte, dann wird er es auf jeden Fall tun, Gott braucht mich nicht!“ Es ist wahr, dass Gott uns nicht braucht. Aber er möchte mit uns zusammenarbeiten. Deshalb hat er sich selbst festgelegt, dass er zusammen mit uns seinen Willen auf dieser Erde vollbringen will.

An dieser Stelle muss ich einen sehr kritischen Punkt der Theologie mancher Menschen ansprechen, der unsere Zusammenarbeit mit dem Herrn stark behindern kann. Viele Christen haben eine unbiblische Auffassung über die Souveränität Gottes. Zusammenfassend kann man sagen, dass viele glauben, dass Gottes Wille, unabhängig von allen anderen Faktoren auf jeden Fall geschehen wird. Die Auswirkungen dieses Irrglaubens sind überall erkennbar

Zum Beispiel war ein Bekannter an Krebs erkrankt. Weil er Christ war, glaubte er, dass Gott ihn heilen würde. Verwandte und Freunde riefen ihn an und sagten: „Mach dir keine Sorgen! Gott wird dich heilen!" Dann beteten sie für ihn. Am Ende starb dieser Mann. Alle Gläubigen und Verwandten machten Bemerkungen wie diese: „Gut, wir haben geglaubt, aber offensichtlich war es nicht Gottes Wille." oder: „Was können wir schon tun? Leben und Tod liegen in Gottes Hand." Und sogar: „Der Wille Gottes ist sehr rätselhaft."

Ich war auf der Beerdigung eines jungen Mannes, der an Tollwut gestorben war. Ich bedauere sagen zu müssen, dass er einen schrecklichen Tod starb. Auf der Beerdigung versuchte der Pastor die Familie zu trösten und sagte: „Leben und Tod liegen in Gottes Hand. Wir können nicht immer seinen rätselhaften Willen verstehen. Gott liebte diesen Jungen so sehr, dass er ihn in jungen Jahren heimgeholt hat." Das sind alles dämonische Lügen, um die Kraftlosigkeit der Gemeinde zu entschuldigen.

Lass mich dir etwas sagen, was mich befreit hat. Ich habe meinen Glauben, meine Hoffnung und mein Vertrauen nicht aufgrund von Annahmen, aus religiösen Traditionen oder verdrehten Lehren der Bibel. Meine Theologie richtet sich an dem Leben von Jesus aus. Er tat nur, was dem Vater gefiel (Johannes 5,19-20; 6,38; 14,8-11).

Jedes Wort, das Jesus sprach, alles, was er tat, jedes Wunder, das er vollbrachte, war im perfekten Willen des Vaters. Jesus war der perfekte Repräsentant Gottes (Hebräer 1,1-3). Hat Jesus je zu einer kranken Person gesagt: „Es ist nicht mein Wille, dich zu heilen," oder: „Diese Krankheit dient dazu, dass du heiliger und gerechter wirst," oder: „Faste und bete bis du wirklich von deinen Sünden Buße getan hast. Dann werde ich dich heilen"? Nein. Jesus heilte alle, die zu ihm kamen, befreite jede gepeinigte Person, die nach seiner Hilfe schrie, und tröstete jeden, dessen Herz gebrochen war.

Mein Glaube basiert nicht auf den Dingen, die unüberwindbar scheinen. Ich erlaube den Umständen nicht, mir zu diktieren, was ich glaube. Mein Glaube basiert absolut auf dem Leben von Jesus, und deshalb erlebe ich Wunder. Jesus sagte: *„Derjenige, der an MICH glaubt, wird die Werke tun, die ich getan habe."* Wir müssen ihm glauben und ihm allein, wenn wir erwarten, dass der Heilige Geist das Königreich des Himmels durch uns sichtbar macht. Wenn der Wille Gottes sich in unserem Leben oder in einer Situation nicht erfüllt, dann kannst du grundsätzlich darauf schließen, dass wir:

1. Nicht in der ganzen, uns zur Verfügung stehenden Autorität wandeln.
2. Nicht die richtige Offenbarung oder Leitung vom Heiligen Geist für diese bestimmte Situation hatten.
3. Wir nicht in der Lage waren, seine Gegenwart und Kraft freizusetzen.

Wir müssen die Art und Weise, wie der Heilige Geist mit uns zusammenarbeiten will, verstehen. Schauen wir uns dazu folgende Verse an:

Wenn der Beistand gekommen ist, den ich euch von dem Vater senden werde, der Geist der Wahrheit, der von dem Vater ausgeht, so wird der von mir zeugen. Aber auch ihr zeugt, weil ihr von Anfang an bei mir seid.

Johannes 15,26-27

Aber ihr werdet Kraft empfangen, wenn der Heilige Geist auf euch gekommen ist: und ihr werdet meine Zeugen sein, sowohl in Jerusalem als auch in ganz Judäa und Samaria und bis an das Ende der Erde.

Apostelgeschichte 1,8

Diesen hat Gott durch seine Rechte zum Führer und Retter erhöht, um Israel Buße und Vergebung der Sünden zu geben. Und wir sind Zeugen von diesen Dingen und der Heilige Geist, den Gott denen gegeben hat, die ihm gehorchen.

Apostelgeschichte 5,31-32

Wir müssen eine wichtige Wahrheit verstehen, denn es gibt nur zwei Zeugen auf der Erde: den Heiligen Geist und uns. Uns ist die Aufgabe übertragen worden, das Leben, Sterben und die Auferstehung von Jesus Christus zu bezeugen. Jesus und der Vater sitzen im Himmel auf dem Thron. Warum sitzen sie? Weil ihre Arbeit getan ist und sie dort auf uns warten. Aber der Heilige Geist ist auf die

Erde ausgegossen worden (Apostelgeschichte 2,33). Wir erwarten sehnsüchtig die Wiederkehr von Jesus (Philipper 3,20), aber jetzt ist es der Heilige Geist der mit uns zusammenarbeiten und von Jesus zeugen will.

Wie funktioniert diese Zusammenarbeit? Sie funktioniert, indem wir mit dem Heiligen Geist vertraut sind. Wunder geschehen, wenn der Heilige Geist uns in einer bestimmten Situation leitet. Aufgrund dessen, was der Heilige Geist uns gezeigt hat, setzen wir unsere Autorität ein. Dann wird der Heilige Geist das Königreich des Himmels in den irdischen Umständen sichtbar machen. Wenn keine Wunder geschehen und keine geistlichen Gaben funktionieren, dann müssen wir uns fragen, ob der Heilige Geist tatsächlich anwesend ist und ob wir seine Stimme hören.

Praktische Beispiele dieser Zusammenarbeit

> *Und er sprach zu ihnen: Geht hin in die ganze Welt und predigt das Evangelium der ganzen Schöpfung!*
>
> Markus 16,15

> *Und wenn er gekommen ist, wird er die Welt überführen von Sünde und von Gerechtigkeit und von Gericht. Von Sünde, weil sie nicht an mich glauben: von Gerechtigkeit aber, weil ich zum Vater gehe und ihr mich nicht mehr seht: von Gericht aber, weil der Fürst dieser Welt gerichtet ist.*
>
> Johannes 16,8-11

Uns ist die Aufgabe übertragen worden, das Evangelium zu predigen, aber unsere Worte alleine werden nie einen Sünder überführen oder verändern. Wenn das Evangelium verkündet wird und der Heilige Geist ist da, dann weinen die Sünder, sie zittern, sehen Visionen, fallen zu Boden, werden von Dämonen befreit oder sie werden geheilt. Derartige Manifestationen sind normal, wenn der Heilige Geist gegenwärtig ist. Je stärker seine Gegenwart während der Verkündigung des Evangeliums ist, desto mehr dieser Manifestationen geschehen. Ohne das Werk des Heiligen Geist ist unsere Predigt vergeblich. Aber, der Heilige Geist bewegt sich nicht, wenn wir nicht predigen.

Diese Zeichen aber werden denen folgen, die glauben: In meinem Namen werden sie Dämonen austreiben: sie werden in neuen Sprachen reden:

Markus 16,17

Heilt Kranke, weckt Tote auf, reinigt Aussätzige, treibt Dämonen aus! Umsonst habt ihr empfangen, umsonst gebt!

Matthäus 10,8

Wenn ich aber durch den Geist Gottes die Dämonen austreibe, so ist also das Reich Gottes zu euch gekommen.

Matthäus 12,28

Uns wurde von Jesus die Anweisung gegeben, Dämonen auszutreiben. Das ist das erste Zeichen, das denen folgt, die glauben und die mit dem Heiligen Geist zusammenarbeiten. Wir geben den Befehl, aber der Heilige

Geist treibt den Dämon aus. Wir können den ganzen Tag Dämonen befehlen (Apostelgeschichte 19,14-17), aber die Dämonen werden nicht gehen, bevor nicht der Heilige Geist machtvoll wirkt.

Ich habe im Laufe der Jahre im Heilungs- und Befreiungsdienst festgestellt, dass in dem Maße, wie die Gegenwart des Heiligen Geistes da ist, die Kraft zu Heilen und zu Befreien wirksam ist. Das bedeutet, je stärker seine Gegenwart ist, desto leichter ist es die Dämonen auszutreiben. In 50% aller Fälle, wo ich Heilungen und Befreiungen gesehen habe, wurden Dämonen ausgetrieben. Ich möchte eine bemerkenswerte Geschichte erzählen, um das zu illustrieren.

Viele Jahre hatte ich das Vorrecht, Leiter zu unterrichten und Wundergottesdienste in Maharashtra abzuhalten. Vor vielen Jahren traf ich dort eine ca. 40-jährige Frau namens Rajjubai. Sie wurde in so einem großen Maße von Dämonen geplagt, wie ich es noch nie gesehen hatte. Sie kam zu einigen meiner Versammlungen und suchte Befreiung. Seit 20 Jahren wurde sie durch körperliche Manifestationen von Dämonen gequält. Sie fiel auf den Boden, zitterte, schrie, wurde geschüttelt und lag stundenlang besinnungslos da. Wenn die Dämonen auftraten, sahst du, wie eine unsichtbare Macht ihre Arme verdrehte und sie angriff - es war schrecklich mit anzusehen. Durch diese jahrelange Folter war ihr rechter Arm komplett gelähmt, sie konnte ihn nicht anheben und er war für nichts zu gebrauchen. Ihr Gesicht war ständig verzerrt, als hätte ein wildes Tier sie angegriffen. Diese dämonischen Attacken traten in Gebetsversammlungen, während des Gottesdienstes oder bei großen Kongressen auf. Aber es geschah nicht nur an Anbetungsorten, sondern auch zuhause fielen die Dämonen plötzlich über sie her. Diese Ausbrüche waren so dramatisch, dass selbst ihre Kinder Angst vor ihr hatten und zu ihrem Vater liefen, wenn sie mit diesen Ausbrüchen konfrontiert waren.

Rajjubai kam zu einigen meiner Versammlungen und ich sah, wie sie stundenlang während der Anbetung, der Predigt und dem Segnungsgebet manifestierte. Persönlich habe ich mehrmals für sie gebetet, aber ohne Erfolg. Sie war in der Gegend als die Frau bekannt, der kein Prediger helfen konnte. Gott sei Dank gab sie die Hoffnung nicht auf! Jahr für Jahr suchte sie Jesus und bekam Gebet, auch wenn es hoffnungslos aussah.

Im Mai 2012 wurde ich als Hauptredner zur *All Maharashtra Pastors and Leaders Conference* (Pastoren- und Leiterkonferenz der Maharashtra Region) in Ahmednagar eingeladen. Jeder konnte die Abendveranstaltungen besuchen, und es kamen zwischen 1.500 bis 20.000 Personen. Rajjubai war auch dort und ich sah wieder, wie sie auf dem Boden rollte und durch die Dämonen geplagt wurde. Vor der Predigt am dritten und letzten Abend, sprach der Heilige Geist zu mir: „Heute möchte ich, dass du über die Auferstehung Jesu und seinen vollständigen Sieg über Satan und die Finsternis predigst. Dann rufe alle, die von Dämonen geplagt werden, zum Gebet nach vorne."

Es war eine wunderbare Zeit der Wortverkündigung, und so, wie es mir der Heilige Geist gesagt hat, rief ich die dämonisch Belasteten nach vorne. Eine große Anzahl Menschen kam vor die Bühne. Ich lud die Gegenwart des

Heiligen Geistes ein und begann mit Autorität zu gebieten, zu binden und befahl den Dämonen zu weichen. Sofort fielen die Menschen zu Boden, schrien, zitterten und manifestierten wild. Während der Predigt war die Gegenwart des Herrn zu spüren, aber während des Gebets verstärkte sie sich immens.

Wie gewöhnlich riefen wir nach dem Gebet diejenigen nach vorne, die geheilt und befreit worden waren, um Zeugnis zu geben. Viele standen in der Reihe, aber dann sah ich auch Rajjubai in der Schlange stehen! Ich bat meine Frau, dass sie sich persönlich davon überzeugen soll, was geschehen war. Als Rajjubai an der Reihe war, teilte sie mit, wie sie jahrelang gequält wurde und dass sie jetzt frei ist. Ich fragt sie: „Wie weißt du, dass du jetzt frei bist?“ Sie erklärte, dass während des Gebets für die ganze Versammlung eine mächtige Kraft vom Himmel auf sie fiel und die Dämonen vertrieb. Ihre Arme und ihr Gesicht sind ebenfalls komplett geheilt worden. Sie spürte einen unbeschreiblichen Frieden und eine Leichtigkeit. Nicht nur Rajjubai, sondern auch viele andere, die jahrelang geplagt waren, wurden augenblicklich geheilt.

Ich war so glücklich und froh, aber die Gegenwart des Geistes ließ noch nicht nach! Nach den Zeugnissen verabschieden wir gewöhnlich die Menge und beten dann noch für die, die noch einen Durchbruch brauchen. Die ungewöhnlich starke Gegenwart des Heiligen Geistes lag immer noch auf mir. Viele Kranke standen noch an, um ein Heilungsgebet zu empfangen. Wenn die Ursache der Krankheit ein Dämon war, manifestierten sie, sobald ich ihnen die Hände auflegte. Das geschah hin und wieder in den letzten Jahren, aber diesmal war eine außergewöhnliche Salbung auf mir. Einer nach dem anderen schrie, fiel zu Boden und zitterte. Nachdem die Dämonen gewichen waren, waren sie augenblicklich geheilt! Es war so ein Unterschied zwischen dieser Versammlung und den vielen vorherigen mit erfolglosem Gebet um Befreiung. Ich verstand, dass er, der Heilige Geist, der Schlüssel zur Freiheit ist.

> *Sie werden Schlangen aufheben, und wenn sie etwas Tödliches trinken, wird es ihnen nicht schaden: Schwachen werden sie die Hände auflegen, und sie werden sich wohl befinden.*
>
> Markus 16,18

Das Heilen der Kranken ist ähnlich wie das Austreiben von Dämonen. Wir handeln im Glauben und der Heilige Geist beantwortet unseren Glauben und dient, indem er die Kranken heilt. Wir sollen den Kranken die Hände auflegen. Es ist klar, dass nicht wir die Kranken heilen können. Es ist die Person des Heiligen Geistes, die die Macht der Krankheit zerstört und die Menschen heilt. Heilung durch Händeauflegen ist nicht der einzige Weg, wie jemand gesund wird, aber es ist der gebräuchlichste. Ich habe oft festgestellt, dass der Heilige Geist nicht heilt, bevor ich nicht die Hände aufgelegt hatte. Manchmal höre ich den Heiligen Geist während des Gebets sagen: „Lege deine Hände jetzt dorthin." Und wenn ich meine Hände auf die andere Stelle lege, fließt seine Gegenwart und Heilung geschieht. Ist Gott davon abhängig, dass ich meine Hände auf die Kranken lege? Absolut nicht. Gott braucht mich nicht, um das zu tun, was er sich vorgenommen hat. Aber um die Schönheit der Zusammenarbeit zu vervollkommnen und den Tanz mit dem Heiligen Geist nach der Melodie des Himmels fortzuführen, möchte er, dass wir etwas tun. Wir sind nicht als Zuschauer berufen, die sein Wirken bestaunen. Vielmehr sind wir an seine Seite gestellt, um Teil jedes Wunders zu sein, das er vollbringt.

Ich war in Veranstaltungen, wo leere Hände auf die Menschen gelegt wurden und nichts passierte. Keine Heilung, keine Übertragung von geistlichen Gaben, keine Veränderung in dem Leben der Besucher. In solchen Zeiten wandeln wir nicht gemäß der Gegenwart und der Stimme des Heiligen Geistes. Wenn wir durch ihn geführt werden und mit seiner Gegenwart erfüllt sind, dann ist das Händeauflegen eine große Freude und eine großartige Erfahrung, im Geben und Empfangen!

> *Denn wer in einer Sprache redet, redet nicht zu Menschen, sondern zu Gott: denn niemand versteht es, im Geist aber redet er Geheimnisse.*
>
> Korinther 14,2

Wenn wir in himmlischen Sprachen sprechen, sind wir völlig vom Heiligen Geist abhängig. Es ist eine Befähigung durch den Heiligen Geist (Apostelgeschichte 2,4). In den meisten Fällen gibt uns der Heilige Geist, was wir aussprechen sollen, wenn wir den Mund öffnen und zu reden beginnen. Ich habe oft gehört: „Ich möchte gerne in Zungen reden, also warte ich, bis der Heilige Geist mich zum Reden bringt. Wenn er will, wird er mich dazu bringen."

Auch wenn der Heilige Geist manchmal jemanden mit dem Sprachengebet so überwältigt, dass es aussieht, als sei es jenseits seiner Kontrolle und die Worte nur so aus seinem Mund strömen, ist das die Ausnahme. Meistens haben wir den Eindruck, wir sollten sprechen, ein „Kribbeln im Bauch" oder den Glauben dazu und wir tun es einfach.

Der Vater hat in seiner großen Weisheit und zu seiner Freude eine einzigartige Zusammenarbeit entworfen und gab uns die größte aller Verheißungen, seinen Heiligen Geist (Lukas 24,49). Gott wird seinen Plan nicht verwerfen und „Plan B" für uns starten, wenn wir ihn ignorieren oder es ablehnen, mit dem Heiligen Geist zu kooperieren. Durch diese Zusammenarbeit wird Gottes Königreich die Nationen verändern (Matthäus 24,14), und die Erde wird voll werden von der Erkenntnis des HERRN, wie das Wasser den Meeresgrund bedeckt (Habakuk 2,14).

6

DIE TAUFE IM HEILIGEN GEIST

Die Bedeutung der Wassertaufe

In diesem Kapitel möchte ich über die Bedeutung der Taufe im Heiligen Geist lehren und wie man sie empfängt. Dazu müssen wir erst verstehen, was die Wassertaufe ist und wie sie sich von der Taufe im Heiligen Geist unterscheidet. Lass uns folgende Bibelstellen betrachten.

> *Und er sprach zu ihnen: Geht hin in die ganze Welt und predigt das Evangelium der ganzen Schöpfung! Wer gläubig geworden und getauft worden ist, wird gerettet werden: wer aber ungläubig ist, wird verdammt werden.*
>
> Markus 16,16

> *Geht nun hin und macht alle Nationen zu Jüngern, und tauft sie auf den Namen des Vaters und des Sohnes und des Heiligen Geistes.*
>
> Matthäus 28,19

In jenen Tagen aber kommt Johannes der Täufer und predigt in der Wüste von Judäa und spricht: Tut Buße! Denn das Reich der Himmel ist nahe gekommen. (...) Und sie wurden von ihm im Jordanfluss getauft, indem sie ihre Sünden bekannten. (...) Ich zwar taufe euch mit Wasser zur Buße: der aber nach mir kommt, ist stärker als ich, dessen Sandalen zu tragen ich nicht würdig bin: er wird euch mit Heiligem Geist und Feuer taufen.

Matthäus 3,1-2+6+11

In den obigen Versen sehen wir, dass die Wassertaufe mit Glauben und Buße zu tun hat. Glaube, Buße, Sündenbekenntnis und Wassertaufe sind die ersten Schritte auf unserem Glaubensweg, und diese vier gehören untrennbar zusammen.

Glaube ist ein Resultat des offenbarenden Wirkens des Heiligen Geistes (Johannes 16,8-11, 1. Korinther 12,3). Alles, was wir haben oder tun, ist eine Antwort auf Gnade. Der Heilige Geist in seiner Gnade offenbart uns Jesus, und im Glauben akzeptieren wir diese Offenbarung. Wenn wir diese Offenbarung ablehnen ist das Unglaube. Ohne das offenbarende Werk des Heiligen Geistes kann niemand glauben und gerettet werden (1. Korinther 2,14). Rettender Glaube bedeutet, auf das Wesen und das Werk Jesus zu vertrauen. Er starb für unsere Sünden und wurde von den Toten auferweckt (Römer 10,9). Der Heilige Geist offenbart uns nicht nur das Leben, Sterben und die Auferstehung Jesu, sondern auch unsere Sünden und überführt uns vom Bösen. Hier setzt die Buße ein.

Das Wort für Buße bedeutet im Griechischen „das Denken zu ändern“. Wenn wir unser Denken verändern, verändern wir zwangsläufig auch unser Verhalten und die Ausrichtung unseres Lebens. Der Heilige Geist ist die Kraft Gottes in unserem Leben. Er befähigt uns, Buße zu tun. Buße ist eine Gabe Gottes (Apostelgeschichte 5,31; 11,18; 2. Korinther 7,10; 2. Timotheus 2,25). Unsere Antwort auf das überführende Werk des Heiligen Geistes ist Buße. Wenn wir unser Denken ändern, befähigt uns der Heilige Geist, unser Leben an diesem erneuerten Sinn auszurichten. Er überführt uns von Sünde und führt uns in die Freiheit.

Auf die Offenbarung, dass wir Jesus als Herrn und Retter angenommen haben und die Überführung von unseren Sünden, folgt das Bekenntnis als nächster notwendiger Schritt. In der Taufe des Johannes bekannten die Menschen ihre Sünden, als sie im Wasser getauft wurden (Matthäus 3,6). Für unseren Glauben ist es notwendig, dass wir Jesus als Herrn und Retter bekennen (Römer 10,9; 1. Timotheus 1,1). Alle Bekenntnisse, die von Herzen kommen, sind ein Resultat des Wirkens des Heiligen Geistes (1. Korinther 12,3).

Als nächster Schritt auf Glaube, Buße und Bekenntnis, sollte die Wassertaufe folgen. Die Wassertaufe bestätigt unsere neue Identität in Christus und sie erfreut Gott. Unser Gehorsam ehrt Gott. Jeder, der die Überführung durch den Heiligen Geist erfahren hat, sollte im Wasser getauft werden.

Ich möchte dir ein praktisches Beispiel geben. Stell' dir vor, ich ziehe nach Delhi und suche mir ein Appartement. Nachdem ich einen Vermieter gefunden habe, unterhalten wir uns und ich lade ihn zum Tee ein. Dann diskutieren wir den Mietvertrag. Er möchte, dass ich das Appartement nur zum Wohnen miete und dafür 10.000 Rupien monatlich bezahle. Ich müsste dann noch für den Strom und die Nebenkosten aufkommen. Er verspricht, für das Wasser aufzukommen und dass er Ventilatoren bereitstellt und für das Warmwasser sorgt. Ich stimme ihm zu und möchte gerne das Appartement mieten. Später stellt der Vermieter einen Mietvertrag mit den obengenannten Konditionen aus. Wir stimmen beide zu, indem wir unterschreiben. Aber ein letzter Schritt ist notwendig. Um wirklich rechtlich abgesichert zu sein, muss der Vertrag durch die Behörde notariell beglaubigt werden.

In gleicher Weise findet unsere Bekehrung statt. Die Bereitschaft und die Zustimmung, dass wir gemäß seiner Gebote leben wollen, ist Buße. Wenn wir mündlich unser Einverständnis geben, ist dass das Bekenntnis. Und schließlich ist die Wassertaufe der himmlische Notar, der unseren Vertrag mit dem Herrn Jesus Christus besiegelt. Der Heilige Geist selbst ist das Siegel für den Vertrag (Epheser 1,13-14).

Wir müssen verstehen, dass der Heilige Geist für das Erlösungswerk in unserem Leben verantwortlich ist. Worauf basiert also unsere Beziehung zum Heiligen Geist? Wenn wir einmal auf das Werk des Heiligen Geistes mit lebendigem Glauben, Buße, Bekenntnis und Wassertaufe geantwortet haben, beginnt der Heilige Geist in uns zu leben. Ich möchte ergänzen, dass es viele echte Gläubige gibt, die Buße getan haben, aber noch nicht im Wasser getauft worden sind (entweder wurden sie noch nicht darüber gelehrt, oder es gibt andere Gründe), aber in denen der Heilige Geist bereits lebt. Der Heilige Geist unterliegt keinem Gesetz. Wenn ich über Glaube, Buße, Bekenntnis und Wassertaufe zur Errettung lehre, lehre ich nicht gesetzlich, sondern ich zeige den biblischen Weg auf.

Wenn du eine echten, authentischen Glauben an Jesus hast und danach handelst, aber noch nicht im Wasser getauft bist, dann verdamme ich dich nicht, aber ich bitte dich, Gott zu gehorchen. Die Wassertaufe ist ein wichtiger und notwendiger Schritt für Gläubige, um sich durch einen äußerlichen Schritt mit dem neuen inneren Leben zu identifizieren, das uns durch das Kreuz und durch die Auferstehung geschenkt wurde (Römer 6,3-8; Kolosser 2,11-13). Beachte folgende Verse, die einen Zusammenhang zwischen der Wassertaufe und dem Heiligen Geist herstellen.

> *Petrus aber sprach zu ihnen: Tut Buße, und jeder von euch lasse sich taufen auf den Namen Jesu Christi zur Vergebung eurer Sünden! Und ihr werdet die Gabe des Heiligen Geistes empfangen.*
>
> Apostelgeschichte 2,38

Ihr aber seid nicht im Fleisch, sondern im Geist, wenn wirklich Gottes Geist in euch wohnt. Wenn aber jemand Christi Geist nicht hat, der ist nicht sein. (…) Der Geist selbst bezeugt zusammen mit unserem Geist, dass wir Kinder Gottes sind.

Römer 8,9+16

Oder wisst ihr nicht, dass euer Leib ein Tempel des Heiligen Geistes in euch ist, den ihr von Gott habt, und dass ihr nicht euch selbst gehört? Denn ihr seid um einen Preis erkauft worden. Verherrlicht nun Gott mit eurem Leib!

1. Korinther 6,19-20

Hieran erkennen wir, dass wir in ihm bleiben und er in uns, dass er uns von seinem Geist gegeben hat.

1. Johannes 4,13

Bewahre das schöne anvertraute Gut durch den Heiligen Geist, der in uns wohnt!

2. Timotheus 1,14

Wenn wir an Jesus Christus als unseren Herrn und Retter glauben, realisieren wir, dass wir als Gottes Kinder angenommen wurden (Johannes 1,12; Galater 4,5-6). Wir bekommen augenblicklich die wertvollste aller Gaben, die Person des Heiligen Geistes, der in uns lebt. Die Feststellung, dass er in uns lebt, ist sehr wichtig! Der Heilige Geist lebt in uns, um uns mit dem Vater und dem Sohn zu verbinden und damit wir gemäß dem Willen Gottes leben können.

Einige Gläubige, die wissen, dass sie die Taufe im Heiligen Geist empfangen haben, verurteilen andere Gläubige, die die Bestätigung der Taufe im Heiligen Geist nicht haben, indem sie sagen: „Du hast den Geist Gottes nicht." Das ist entsetzlich und offenbart ein völlig falsches Bibelverständnis. In jedem Gläubigen, der an Jesus Christus glaubt, wohnt der Heilige Geist.

Die Bedeutung der Taufe im Heiligen Geist

Was ist also die Taufe im Heiligen Geist? Die Taufe im Heiligen Geist ist, wenn der Heilige Geist auf einen Gläubigen als Zurüstung für den Dienst an anderen kommt. Mit dem Auftrag, anderen zu dienen, kommt auch die Kraft diesen Auftrag zu erfüllen, und die erhalten wir durch die Taufe im Heiligen Geist. Einfacher gesagt: Der Heilige Geist ist in mir, um meinetwillen und auf mir um der Menschen willen.

Lass uns den Dienst von Jesus und der Apostel betrachten. Beim Lesen der folgenden Bibelstellen beachte jeweils das Wort ***auf***.

> *Es geschah aber, als das ganze Volk getauft wurde und Jesus getauft war und betete, dass der Himmel geöffnet wurde und der Heilige Geist in leiblicher Gestalt wie eine Taube* ***auf*** *ihn herabstieg und eine Stimme aus dem Himmel kam: Du bist mein geliebter Sohn, an dir habe ich Wohlgefallen gefunden. (...)Und Jesus kehrte in der Kraft des Geistes nach Galiläa zurück, und die Kunde von ihm ging hinaus durch die ganze Umgegend. (...)»Der Geist*

des Herrn ist ***auf*** *mir, weil er mich gesalbt hat, Armen gute Botschaft zu verkündigen: er hat mich gesandt, Gefangenen Freiheit auszurufend und Blinden, dass sie wieder sehen, Zerschlagene in Freiheit hinzusenden,*

Lukas 3,21-22; 4,14; 4,18

Siehe, mein Knecht, den ich erwählt habe, mein Geliebter, an dem meine Seele Wohlgefallen gefunden hat: ich werde meinen Geist ***auf*** *ihn legen, und er wird den Nationen Recht verkünden.*

Matthäus 12,18

Und ich kannte ihn nicht: aber der mich gesandt hat, mit Wasser zu taufen, der sprach zu mir: ***Auf*** *welchen du sehen wirst den Geist herabfahren und* ***auf*** *ihm bleiben, dieser ist es, der mit Heiligem Geist tauft.*

Johannes 1,33

Aber ihr werdet Kraft empfangen, wenn der Heilige Geist ***auf*** *euch gekommen ist: und ihr werdet meine Zeugen sein, sowohl in Jerusalem als auch in ganz Judäa und Samaria und bis an das Ende der Erde.*

Apostelgeschichte 1,8

»Und es wird geschehen in den letzten Tagen, spricht Gott, dass ich von meinem Geist ausgießen werde auf alles Fleisch, und eure Söhne und eure Töchter werden weissagen, und eure jungen Männer werden Gesichte sehen, und eure Ältesten werden in Träumen Visionen haben: und

sogar auf meine Knechte und auf meine Mägde werde ich in jenen Tagen von meinem Geist ausgießen, und sie werden weissagen.

Apostelgeschichte 2,17-18

Nirgends steht, dass der Heilige Geist in Jesus oder in die Apostel hineinkam, sondern er kam auf sie. In jeder Bibelstelle gab es einen bestimmten Auftrag, der ohne die Kraft des Heiligen Geistes nicht ausgeführt werden konnte. Wenn die Gegenwart des Heiligen Geistes auf Jemandem ist, ist das ein Zeichen für eine Beauftragung vom Himmel. Die Apostel empfingen die Kraft, damit sie ihren Auftrag ausführen konnten, dass die Blinden durch die Kraft des Heiligen Geistes sahen, die Tauben hörten, die Lahmen gingen und die Dämonen ausfuhren (Matthäus 11,5; 15,30-31; Apostelgeschichte 5,14-16). Das Evangelium sollte immer von Zeichen und Wundern begleitet sein (Markus 16,17-20; 1. Korinther 2,4-5: 1. Thessalonicher 1,5). Es war nie das Wort allein, sondern das Wort verbunden mit Kraft (1. Korinther 4,20). Jeder Gläubige, der im Heiligen Geist getauft ist, wird die Kraft haben, Jesu Zeuge zu sein. Der Zweck der Taufe im Heiligen Geist ist, uns zu befähigen, andere zu lieben, indem wir die Werke des Teufels zerstören. Deshalb ist es erforderlich, dass jeder, der diese Taufe möchte, sich der Berufung und dem Dienst Gottes ausliefert. Die Taufe im Heiligen Geist ist nicht das Untertauchen im Wasser sondern in der Person, der Gegenwart und der Kraft des Heiligen Geistes. Bei der Wassertaufe bekennen wir im Glauben, dass wir mit Christus verbunden sind und deshalb konsequenterweise ein neues

Leben führen (Römer 6,3-4). Die Taufe im Heiligen Geist salbt uns mit seiner Kraft für seine Aufgaben.

Lass uns die folgenden Bibelstellen und die Ergebnisse der Taufe im Heiligen Geist betrachten.

> *Aber ihr werdet Kraft empfangen, wenn der Heilige Geist auf euch gekommen ist: und ihr werdet meine Zeugen sein, sowohl in Jerusalem als auch in ganz Judäa und Samaria und bis an das Ende der Erde.*
>
> Apostelgeschichte 1,8

Der Nachweis der Taufe im Heiligen Geist ist Kraft, um ein übernatürlicher Zeuge für Jesus zu sein.

> *Und als der Tag des Pfingstfestes erfüllt war, waren sie alle an einem Ort beisammen. Und plötzlich geschah aus dem Himmel ein Brausen, als führe ein gewaltiger Wind daher, und erfüllte das ganze Haus, wo sie saßen. Und es erschienen ihnen zerteilte Zungen wie von Feuer, und sie setzten sich auf jeden Einzelnen von ihnen. (...) Und sie wurden alle mit Heiligem Geist erfüllt und fingen an in anderen Sprachen zu reden, wie der Geist ihnen gab auszusprechen. (...) Petrus aber stand auf mit den Elfen, erhob seine Stimme und redete zu ihnen: Männer von Judäa und ihr alle, die ihr zu Jerusalem wohnt, dies sei euch kund, und hört auf meine Worte! (...) Das ganze Haus Israel wisse nun zuverlässig, dass Gott ihn sowohl zum Herrn als auch zum Christus gemacht hat, diesen Jesus, den ihr gekreuzigt habt.*
>
> Apostelgeschichte 2,1-4 + 14 + 36

Diejenigen, die getauft wurden, erlebten die Gegenwart und Kraft des Heiligen Geistes und sie sprachen in Zungen. Auch Petrus, der Jesus aus Furcht dreimal verleugnet hatte, wurde nun kühn und unerschrocken, und verkündete öffentlich das Evangelium.

Während Petrus noch diese Worte redete, fiel der Heilige Geist auf alle, die das Wort hörten. Und die Gläubigen aus der Beschneidung, so viele ihrer mit Petrus gekommen waren, gerieten außer sich, dass auch auf die Nationen die Gabe des Heiligen Geistes ausgegossen worden war: denn sie hörten sie in Sprachen reden und Gott erheben. Dann antwortete Petrus: Könnte wohl jemand das Wasser verwehren, dass diese nicht getauft würden, die den Heiligen Geist empfangen haben wie auch wir? Und er befahl, dass sie getauft würden im Namen Jesu Christi. Dann baten sie ihn, einige Tage zu bleiben.

Apostelgeschichte 10,44-46

Und als Paulus ihnen die Hände aufgelegt hatte, kam der Heilige Geist auf sie, und sie redeten in Sprachen und weissagten.

Apostelgeschichte 19,6

Hier sehen wir den Zusammenhang von Anbetung und den Gaben der Prophetie und der Sprachenrede.

In Kapitel 7 und 8 werden wir uns detaillierter anschauen, wie unentbehrlich die Kraft und die Gaben des Heiligen Geistes für den Bau des Königreich Gottes auf Erden sind. Aber jetzt sehen wir uns an, welche Voraussetzungen nötig sind, um die Taufe im Heiligen Geist zu empfangen.

Die Geistestaufe empfangen

Und es wird geschehen in den letzten Tagen, spricht Gott, dass ich von meinem Geist ausgießen werden auf alles Fleisch, und eure Söhne und eure Töchter werden weissagen, und eure jungen Männer werden Gesichte sehen, und eure Ältesten werden in Träumen Visionen haben: und sogar auf meine Knechte und auf meine Mägde werde ich in jenen Tagen von meinem Geist ausgießen, und sie werden weissagen.

Apostelgeschichte 2,17-18

...der Geist der Wahrheit, den die Welt nicht empfangen kann, weil sie ihn nicht sieht noch ihn kennt. Ihr kennt ihn, denn er bleibt bei euch und wird in euch sein.

Johannes 14,17

Der Geist des Herrn ist auf mir, weil er mich gesalbt hat, Armen gute Botschaft zu verkündigen: er hat mich gesandt, Gefangenen Freiheit auszurufend und Blinden, dass sie wieder sehen, Zerschlagene in Freiheit hinzusenden, auszurufen ein angenehmes Jahr des Herrn.

Lukas 4,18-19

Gott möchte die Taufe im Heiligen Geist auf alle Gläubigen ausgießen. Zwei Dinge sind nötig, damit jemand die Taufe im Heiligen Geist empfängt:

- Die Person muss aufrichtig an Jesus Christus glauben.
- Die Person muss sich dem Dienst und der Berufung Gottes ausliefern.

Die Taufe im Heiligen Geist ist nicht für unsere persönliche Bestätigung, noch dass unsere Gemeinde oder unser Dienst wächst, und auch nicht, dass es uns damit gut geht. Diese Taufe ist, genau genommen, für den Dienst an anderen (1. Korinther 12,7). Nachdem wir über die Vorbedingungen gesprochen haben, lass uns ansehen, wie man diese Taufe praktisch erleben kann.

Darum sage ich euch: Bittet, und es wird euch gegeben; sucht, und ihr werdet finden; klopft an, und es wird euch geöffnet. Denn jeder, der bittet, empfängt, und wer sucht, findet, und wer anklopft, dem wird geöffnet. Ist unter euch ein Vater, der seinem Kind eine Schlange geben würde, wenn es ihn um einen Fisch bittet? Oder einen Skorpion, wenn es ihn um ein Ei bittet? Wenn also ihr, die ihr doch böse seid, das nötige Verständnis habt, um euren Kindern gute Dinge zu geben, wie viel mehr wird dann der Vater im Himmel denen den Heiligen Geist geben, die ihn darum bitten.

Lukas 11,9-13 (NGÜ)

Glückselig, die nach der Gerechtigkeit hungern und dürsten, denn sie werden gesättigt werden.

Matthäus 5,6

Ich habe in den vergangenen Jahren festgestellt, dass Glaube und Hunger nach Gott die beiden wichtigsten Schlüssel sind, um etwas von ihm zu empfangen. Geistlicher Hunger wirkt sich anziehend auf die Aufmerksamkeit, die Gegenwart und die Hand Gottes aus, so wie ein Magnet Eisen anzieht. In gleichem Maße vertreiben Ignoranz, Gleichgültigkeit und Mittelmäßigkeit die Gegenwart Gottes, denn wenn wir so eine Einstellung haben, signalisieren wir, dass wir wenig Interesse an Gott und seinen Segnungen haben. Hunger allein aber reicht zum Empfangen von Gottes Gaben nicht aus. Glaube ist die Fähigkeit des geistlichen Menschen, das zu empfangen, was Gott vorgesehen hat. Überall wo ich erlebt habe, dass die Menschen Hunger nach Gott hatten, hat Gott geantwortet. Vielleicht wird unser Hunger und Glaube für einige Zeit getestet, aber er wird immer die Aufmerksamkeit Gottes auf sich ziehen. Wenn du wirklich nach der Taufe im Heiligen Geist hungerst und Glaube hast, sie zu empfangen, dann bist du nur Zentimeter von der Erfahrung entfernt. Du musst nur aufgrund deines Glaubens handeln.

Mein erstes Erlebnis mit der Taufe im Heiligen Geist

Ich möchte die Geschichte meiner Geistestaufe erzählen. Ich war 19 Jahre alt und sehr eifrig für den Herrn. Ich befreundete mich mit einer Dame, die in meine Gemeinde ging. Sie hieß Susan Waddell. Ich verbrachte viel Zeit bei ihr, um von ihr zu lernen. Mit der Zeit habe ich mitbekommen, dass sie an den Heiligen Geist und seine

Gaben glaubte. Weil unsere Gemeinde nicht sehr charismatisch war, hatte ich wenig Erfahrung damit. Susan gab mir ein Buch über die Taufe im Heiligen Geist und die Gaben des Geistes. Als ich das Buch las, erkannte ich, dass es eine ganz neue Welt des Geistes gab, die ich nicht kannte. Ich bekam großen Hunger nach dieser Taufe und den Gaben. Ich erfuhr, dass es eine übernatürliche Erfahrung ist, die man nicht selber produzieren kann. Gott musste mich auf eine spürbare und übernatürliche Art und Weise berühren. Bei der Lektüre dieses Buches weinte ich stark, als die reine Liebe Gottes mich durchfloss und ich sah Visionen. Aber ich hatte noch nicht das Feuer, die Kraft und die Gegenwart des Heiligen Geistes erfahren, die in dem Buch beschrieben wurden. Ich war aufgeregt und hungrig nach dieser Erfahrung, aber ich war nicht sicher, was da auf mich zukam. Wie sollte ich in einer anderen Sprache reden, die ich nicht kannte? Wie würde es sich anfühlen, wenn der Heilige Geist auf mich käme? Das Unbekannte ängstigte mich, und ich hatte Schmetterlinge im Bauch.

Als ich 2/3 des Buches gelesen hatte, rief ich Susan von der Arbeit aus an und sagte ihr, dass ich die Taufe im Heiligen Geist bräuchte. Ich wollte nicht einen weiteren Tag warten! Bevor ich die Arbeit verließ und an ihrem Haus ankam, war ich so nervös, dass ich zitterte. Susan hieß mich willkommen. Sie hatte einige Freunde eingeladen, um mit mir zu beten. Sie hatte Pizza gekauft, aber ich war zu aufgeregt, um einen Bissen runter zu bekommen. Ich saß auf dem Wohnzimmerteppich, sie bildeten einen Kreis um mich und legten mir die Hände auf. Sie fingen leise an in Zungen für mich zu beten.

Ich betete in meinem Geist: „Vater Gott, ich möchte die Taufe im Heiligen Geist. Ich verstehe nicht ganz, was ich empfangen werde, aber ich weiß, dass es von dir ist. Ich möchte alles, was du mir gibst. Füll mich mit deinem Heiligen Geist."

Als ich mitten im Gebet war, fühlte ich, wie ein starker elektrischer Strom durch meinen Körper floss. Es fühlte sich an, als würde er durch meine Hände in meinen Körper fließen. Die Kraft war so stark, dass die Person vor mir auf den Rücken fiel. Was ich dir beschreiben möchte, ist schwer in Worte zu fassen. Es fühlte sich so an, als ob mein Geist meinen Körper verlässt und in die mächtige Gegenwart Gottes im Himmel eintauchen würde. Obwohl ich nur ein strahlend helles Licht sah, fühlte ich das größte Maß an Freude, Frieden und Liebe, das ich bis dahin erlebt hatte. Ich befand mich zu 95% in der himmlischen Welt und die irdischen Dinge verschwammen. Während ich in diesem himmlischen Bereich war, hörte ich, wie jemand in einer unbekannten Sprache redete. Mein Geist fragte: „Wer ist das?" Sobald ich die Frage gestellt hatte, fand ich heraus, dass es mein Körper war, der in Zungen sprach!

In einem Augenblick kam mein Geist zurück in meinen Körper. Ich wusste nicht, was ich sagte, aber es strömte wie ein reißender Strom aus meinem Mund. Als ich mir meines Körpers wieder bewusst wurde, stoppte der Fluss der Zungenrede und ich kam zu mir. Ich war von dem Erlebnis überwältigt! Diejenigen, die um mich herum saßen, sagten mir, dass ich viel länger in Zungen gesprochen hätte, als mir bewusst war. Meine Zeit in dem himmlischen

Bereich fühlte sich an wie fünf Sekunden, dauerte aber viel länger. Ich war so voller Freude, Frieden und Liebe, dass ich es nicht ausdrücken oder mit Worten beschreiben konnte. Wenn mir jemand eine Million Dollar angeboten hätte, wäre es mir wie Dreck vorgekommen im Vergleich zu dem, was ich eben erfahren hatte.

Nach dem Erlebnis stieg ich ins Auto und fuhr nach Hause. Ich war so dankbar, aber auch etwas verwirrt. Als ich andere beobachtete, fiel mir auf, dass sie in Zungen reden konnten, wann sie wollten. Ich hatte während meines Erlebnisses überhaupt keine Kontrolle. Ich fragte den Herrn, wie ich das steuern konnte. Als Antwort kamen fremdartige Worte und Sätze in einer unbekannten Sprache in meinen Sinn. Ich begann diese Worte immer wieder auszusprechen, und als ich das tat, kamen mehr Worte dazu, bis ich fließend sprechen konnte. Es entwickelte sich auch eine Gabe der Prophetie, und ich bekam viele Visionen und Prophetien für andere. Es war ein wunderschöner Start in das Abenteuer mit dem Heiligen Geist.

Die Taufe im Heiligen Geist ist der Beginn einer neuen Zeit mit dem Heiligen Geist. Sie ist nicht das Ende, sondern der Anfang unseres Weges. Über die Jahre habe ich Menschen getroffen und sie gefragt: „Bist du im Heiligen Geist getauft?" „Ja, schon vor 20 Jahren", antworten sie. „Was ist seitdem in deinem Leben geschehen?" frage ich sie. „Ahhhhh… nicht viel…" höre ich oft. Viele Leute glauben, dass das Empfangen der Taufe das Ziel ist. Es herrscht die Annahme, dass wenn sie in Zungen reden, sie die Geistestaufe empfangen haben. Sie erkennen nicht, dass es der Startpunkt ist, von wo aus wir den Heiligen

Geist besser kennenlernen und mit ihm zusammen das Königreich Gottes auf der Erde aufrichten.

Bevor wir weitergehen, lass mich einige Begriffe erklären, die oft für Verwirrung sorgen: Der Begriff „Taufe im Heiligen Geist“ (Apostelgeschichte 1,5) meint das gleiche wie „die Ausgießung des Heiligen Geistes“ (Apostelgeschichte 2,17), „erfüllt werden mit dem Heiligen Geist“ (Apostelgeschichte 2,4), und „das Empfangen des Heiligen Geist“ (Apostelgeschichte 8,17). Diese Begriffe meinen alle dasselbe und die Auswirkungen sind gleich. Es ist die Ausrüstung durch den Heiligen Geist für den Dienst an anderen.

Ein wachsendes Maß des Geistes

Es ist wichtig zu sehen, dass die Apostel mehrfach mit „dem Geist erfüllt“ wurden. Ich glaube, dass die Erfüllung mit dem Heiligen Geistes nicht ein einmaliges Ereignis in unserem Leben ist, sondern immer wieder empfangen werden kann. Die Apostel wurden erstmals in Apostelgeschichte 2,4 mit dem Heiligen Geist getauft und erfüllt. Aber in Apostelgeschichte 4,31 und 33 sehen wir, dass die Apostel erneut mit dem Heiligen Geist erfüllt wurden, was sich in „großer Kraft“ und „mehr Gnade“ auswirkte. Sie empfingen beim ersten Mal ein bestimmtes Maß und dieses Maß wurde in Apostelgeschichte 4,33 mit der zweiten Erfüllung mit dem Heiligen Geist noch erweitert.

Ich selbst habe ebenfalls diese erneute Erfüllung mit dem Heiligen Geist erlebt, was zu größerer Kraft und Gnade in meinem Leben führte. Viele Jahre nach meiner Taufe im Heiligen Geist war ich sehr hungrig und suchte verzweifelt nach mehr von Gott. Dieser Hunger führte mich nach Redding, Kalifornien zu einer Gemeinde mit dem Namen Bethel. Der Sonntagsgottesdienst der Bethel Gemeinde war schon voll als ich ankam, und ich fand weit hinten einen Platz. Es waren ungefähr 2000 Leute anwesend.

Nach dem Lobpreis hörte ich die Predigt von Pastor Bill Johnson. Pastor Bill predigte gut, aber langsam und bedächtig. An einer Stelle stoppte er mitten in seiner Botschaft und stand nur still auf der Bühne. Im Raum wagte niemand zu reden, und jede Sekunde verstrich wie Minuten. Während ich ihn anstarrte, dachte ich „Was ist los? Hat er seine eigene Botschaft vergessen?“ Nach einigen weiteren Sekunden berührte er eine Stelle in seiner Magengegend. Im Raum konntest du eine Stecknadel fallen hören. Ich dachte: „Hat er Blähungen oder was? Warum berührt er diese Stelle in seiner Magengegend?“ Dann zeigte er auf die Seite des Raumes, wo ich saß und sagte: „Ich glaube im hinteren Teil dieses Bereiches sitzt eine Frau. Du hast einen Magentumor an dieser Stelle. Steh auf, Gott will dich heilen.“ Ein paar Reihen vor mir stand eine Frau auf und hob ihre Hand. Pastor Bill reagierte und sagte: „Der Heilige Geist berührt dich wie er es mir gezeigt hat.“ In der Sekunde blies die Kraft Gottes sie um, sie fiel auf den Boden, und der Tumor war augenblicklich verschwunden! Sie stand auf und bezeugte, dass er fort war! Mir fiel meine Kinnlade herunter, und ich war sprachlos. Wieso wusste er, dass sie da war? Wieso wusste er, dass sie einen Tumor in ihrem Magen hatte? Wieso hat die Kraft Gottes den Tumor augenblicklich aufgelöst?

Ich habe schon immer geglaubt, dass Gott alles tun kann, aber es mit meinen eigenen Augen zu sehen, war eine völlig andere Sache. Ich wusste, dass Gott niemand bevorzugt (Römer 2,11), und wenn Gott Pastor Bill diese Gabe gegeben hatte, dann wollte er sie auch mir geben.

Als ich dort saß, schrie mein Geist in mir auf. Das Echo brach sich in den Fluren meiner Seele: „Gott … ich muss das haben! Ich muss das haben! Für die Nationen, die dich nicht kennen, für Indien, ich muss diese Salbung haben!" Die Tränen strömten über mein Gesicht, ich konnte der Predigt nicht länger zuhören. Ich wurde von Hunger und Leidenschaft zerfressen. Ich brauchte dringend was Pastor Bill hatte. Es schrie so laut in mir, dass ich nichts um mich herum wahrnahm: „Oh Gott, ich bete, dass Pastor Bill seine Hände auf mich legt! Oh Vater, lass ihn seine Hände auf mich legen!"

Ich möchte, dass du weißt, dass ich meine Augen nicht auf einen Menschen gerichtet hatte, noch erwartete ich die Salbung von einem Menschen. Ganz im Gegenteil. Meine Augen waren auf den Heiligen Geist fixiert, und meine Hoffnung lag allein auf ihm. Aber wo manifestierte sich der Heilige Geist zu dieser Zeit? Er war auf Pastor Bill. Das ist der Grund, weswegen so viele Menschen nichts von Gott bekommen. Einige sehen auf Menschen und gehen dabei leer aus. Einige sind zu stolz und arrogant um sich von jemandem, der eine größere Salbung hat wie sie, die Hände auflegen zu lassen. Andere sagen: „Wenn Gott möchte, dass ich diese Salbung bekomme, dann kann er sie auch hier auf mich legen. Ich brauche nirgends hinzugehen, um sie zu empfangen." Solche Leiter sind stolz und eifersüchtig, dass hindert sie zu empfangen, was sie so dringend benötigen. Wir können nicht von Gott empfangen und gleichzeitig seine Gemeinde ablehnen. Gott liebt Demut, und Demut zeigt sich besonders, wenn wir uns vor anderen demütigen und Hilfe suchen.

Zum Ende der Predigt sagte Pastor Bill: „Wenn jemand Gebet braucht, komm bitte nach vorne." Ich fühlte mich wie ein 100-Meter Sprinter bei den olympischen Spielen. Obwohl ich fast in der hintersten Reihe saß, rannte ich nach vorne und kam als erster an. Ich fiel auf meine Knie, schloss meine Augen und begann zu weinen und zu Gott zu schreien. Mit geschlossenen Augen konnte ich Pastor Bills Hand auf meinem Kopf spüren. Augenblicklich durchströmte mich Feuer und mein Körper begann stark zu zittern. Ich hatte Schweißausbrüche als ob ich in Flammen stünde. Zitternd fiel ich rückwärts auf den Boden, während die Kraft durch mich pulsierte. Mir liefen die Tränen herunter, während ich von einer Kraft durchflutet wurde, die unkontrollierbar und stärker war, als ich es mir je hätte vorstellen können. Als die Kraft mich durchfloss, begann ich Visionen zu sehen und der Herr sprach zu mir über seine große Liebe und Barmherzigkeit für die Nationen.

Ich weiß nicht, wieviel Zeit verging während ich auf dem Boden lag, aber ich wusste, dass ich wusste, dass mein Leben verändert wurde. Die Salbung Gottes in meinem Leben verstärkte sich auf ein ganz neues Level. Nach diesem Erlebnis begann der Herr mich auf dieselbe Art und Weise wie Pastor Bill zu gebrauchen, indem er mir Worte der Erkenntnis gab und als Ergebnis davon wurden die Blinden sehend, die Tauben hörten und Tumore verschwanden.

Ich bin so dankbar für großartige Männer Gottes wie Bill Johnson, die uns zeigen, was im Königreich Gottes möglich ist, aber noch dankbarer bin ich dem Heiligen Geist, dass er durch seine Güte Gefäße wie mich gebraucht.

Gott freut sich über deinen Glauben und dein hungriges Herz, und er will die sättigen, die nach ihm suchen. Gott möchte, dass wir die Taufe im Heiligen Geist erfahren. Schaue auf ihn und empfange!

Verwirf unvernünftige Furchtsamkeit

Bevor ich die Wahrheit über die Taufe im Heiligen Geist kannte, hatte ich viele negative Dinge darüber gehört, die mich negativ beeinflussten. Mir wurde gesagt: „Sei auf der Hut vor Leuten, die in Zungen sprechen." Diese Menschen würden unwissend Gott in fremden Sprachen lästern. Ein bekannter Prediger im Radio sprach sich jeden Tag gegen die Bewegungen des Geistes aus und nannte sie „esoterische Erlebnisse", die auf Halluzinationen und dämonischen Aktivitäten beruhen würden. Ich wurde vor solchen Lehren gewarnt, die mein Herz für dämonische und verführerische Mächte öffnen würden.

Sind solche Befürchtungen gerechtfertigt? Sind solche Befürchtungen biblisch? Nein! Jesus antwortete direkt auf solche diffusen Ängste. Wenn wir Jesus folgen, stehen wir unter seinem Schutz. Lies die folgende Bibelstelle:

Wo bittet unter euch ein Sohn den Vater um einen Fisch, und der gibt ihm statt des Fisches eine Schlange? Oder gibt ihm, wenn er um ein Ei bittet, einen Skorpion? Wenn nun ihr, die ihr böse seid, euren Kindern gute Gaben zu geben wisst, wie viel mehr wird der Vater im Himmel den Heiligen Geist geben denen, die ihn bitten!

Lukas 11,11-13 (LUT)

Im Kontext dieser Verse geht es um Gebet, es geht darum, Gott um seine Segnungen zu bitten, und die größte aller Segnungen ist der Heilige Geist. Jesus vergleicht hier böse Menschen mit Gott und wenn selbst böse Menschen ihren Kindern nichts Schlechtes geben, wieso sollte Gott dir etwas Schlechtes geben, wenn du ihn um etwas Gutes bittest. Die Schlangen und Skorpione in diesem Text stehen für dämonische Mächte (Lukas 10,19). Jesus lehrt ganz klar, dass es unmöglich ist, dass du unter den Einfluss eines Dämon kommst, wenn du Gott um den Heiligen Geist bittest! Erinnere dich: alle gute Gabe und alle vollkommene Gabe kommt von oben herab (Jakobus 1,17), von deinem liebenden Vater, der sich danach sehnt, dass du seinen Geist kennenlernst und empfängst!

7

GEISTLICHE GABEN – TEIL I

Wunderbare Heilung durch Worte der Erkenntnis

Ich war kürzlich in meiner Heimatgemeinde in Kansas City. Ich betete vor dem Gottesdienst und war wegen der Glaubensbotschaft, die ich predigen wollte, sehr aufgeregt. Ich wusste, dass ohne die Gegenwart des Heiligen Geistes meine Predigt im besten Fall inspirieren, aber keine Leben verändern würde. Während des Gebets sah ich eine Vision. Ich sah den Magen und Verdauungstrakt einer Person, so als wäre die Bauchdecke transparent. Es wirkte eher wie eine Karikatur. Ich verstand, was ich sah, wusste aber nicht, was Gott mir sagen wollte. So sagte ich: „Herr, ich verstehe nicht was du mir damit sagen willst, erkläre es mir." Ich wartete einen Augenblick und dann sah ich eine Hand mit einem langen scharfen Messer. Die Hand begann mit dem Messer in den Magen und die Därme zu stechen. Es war sehr eigenartig und ich war noch mehr verwirrt. Ich fragte den Heiligen Geist erneut: „Heiliger

Geist, ich verstehe es immer noch nicht. Was möchtest du mir zeigen?" Dann hörte ich die Stimme des Heiligen Geistes, der sagte: „Es wird eine Frau in dem Gottesdienst sein, die eine Magen-Darm-Krankheit hat. Und sie hat nach jedem Essen Schmerzen, als ob ihr jemand in den Bauch sticht." Ich schrieb sofort auf, was der Geist mir sagte.

Zum Ende der Predigt gab ich meinen Eindruck den ca. 400 Gottesdienstbesuchern weiter: „Hier ist eine Frau, die ein Problem mit ihrem Magen und dem Verdauungstrakt hat, was ihr extreme Schmerzen verursacht, als ob dich jemand mit einem Messer in den Bauch sticht. Der Herr heilt dich jetzt!" Da der Gottesdienst schon zu Ende war, bat ich sie nicht aufzustehen oder nach vorne zu kommen.

Zwei Wochen nach meiner Ankunft in Indien bekam ich diese Email:

> Lieber Robert,
>
> Es fällt mir schwer jemandem zu schreiben, um ihm zu erzählen, wie sehr er mein Leben verändert hat, wenn man sich kaum kennt, aber ich will es tun. Am 22. August kamst du in die Gemeinde „The Rock" und sprachst darüber, wie Gott dir die Heilungsgabe gegeben hat. Deine Botschaft hat mich beeindruckt. Ich hatte seit eineinhalb Jahren diese Beschwerden und trotz vieler Arztbesuche wurde der Grund nicht gefunden. Einer meiner Freunde sagte mir, ich sollte in die Gemeinde gehen, um geheilt zu werden. Ich wusste, dass Gott manchen Menschen eine Heilungsgabe gibt. Aber da ich nie

verstanden habe, warum er nur manchen Menschen diese Gabe gibt, fand ich es schwer daran zu glauben. Am Ende des Gottesdienstes standst du auf und riefst Menschen heraus. Als du zu meinem Abschnitt kamst, sagtest du, dass hier jemand mit Magenproblemen wäre, der jedes Mal beim Essen starke Schmerzen hätte. So sah mein Leben in den letzten eineinhalb Jahren aus, und ich konnte deshalb viele Dinge nicht tun. Jeden Freitag verbrachte ich damit, von Arzt zu Arzt zu laufen und von Untersuchung zu Untersuchung, aber niemand hat etwas gefunden. Ich weiß nicht, warum ich krank wurde, aber ich weiß, dass Gott mich durch dich geheilt hat.... Ich habe mich immer gefragt, wie mein Leben aussehen würde, wenn ich wieder gesund wäre und jetzt bin ich wieder gesund....

Danke schön.

Sandy

Lass uns untersuchen, wie das Ganze ablief. Ich hatte Gemeinschaft mit dem Heiligen Geist. Während ich mich auf seine Gegenwart ausrichtete, zeigte er mir eine Vision, die nur einige Sekunden dauerte. Die Visionen, die der Heilige Geist mir zeigt, sind normalerweise sehr kurz, deshalb muss ich immer aufmerksam sein, wenn er zu mir sprechen will. Auch verwendet der Heilige Geist oft seltsame Bilder, um zu mir zu reden. Das sind oft Bilder, die ich mir selbst hätte nie ausdenken können. Das hilft mir, zu unterscheiden, was vom Herrn ist und was aus meinem Verstand kommt. Wenn ich eine Vision nicht gleich verstehe, dann bitte ich den Heiligen Geist um die Auslegung.

Versuche nicht selber die Vision oder das Wort mit deinem eigenen Scharfsinn zu verstehen! Es ist die Verantwortung des Heiligen Geistes uns die Vision zu zeigen und sie uns zu erklären. Der Heilige Geist hatte mir eine eingeschränkte Offenbarung gegeben: Frau, Magen-Darm-Krankheit und stechende Schmerzen nach dem Essen. Ich wusste nicht ihr Alter, ihren Namen oder sonst irgendetwas. Der Heilige Geist gibt uns was nötig ist, um mit ihm zusammenzuarbeiten. Wenn die Offenbarungen detailliert sind, werden eher Menschen als Gott verehrt. Dann tat ich etwas sehr Einfaches. Ich war gehorsam und teilte der Versammlung mit, was ich gesehen hatte und im Glauben sagte ich: „Jesus Christus heilt dich." Danach verschwand die eineinhalb Jahre währende unbekannte chronische Krankheit augenblicklich. Wir machen so wenig und er tut so viel!

Der Zweck der Gaben

In diesem Kapitel möchte ich die Gaben des Geistes beschreiben, welche es gibt und wie sie funktionieren. Aber lass uns zunächst ihren Zweck untersuchen :

Jedem aber wird die Offenbarung des Geistes zum Nutzen gegeben.

1. Korinther 12,7

Jesus von Nazareth, wie Gott ihn mit Heiligem Geist und mit Kraft gesalbt hat, der umherging und wohltat und alle heilte, die von dem Teufel überwältigt waren, denn Gott war mit ihm. (...) Wer die Sünde tut, ist aus dem Teu-

fel, denn der Teufel sündigt von Anfang an. Hierzu ist der Sohn Gottes offenbart worden, damit er die Werke des Teufels vernichte.

Apostelgeschichte 10,38 + 1. Johannes 3,8

Wer aber prophetisch redet, der redet zu Menschen zur Erbauung und zur Ermahnung und zur Tröstung.

Korinther 14,3

Die Gaben sind zum Nutzen für alle gegeben. Als ich meinen Heilungsdienst begann, hörte ich, wie der Herr zu mir sprach: „Ich habe dich nicht um deiner selbst willen, sondern damit andere davon profitieren.“ Ich lernte schnell, dass es nicht um mich ging, sondern um seine große Liebe zu den Menschen. Der zweite Grund, weshalb die Gaben des Geistes wichtig sind, ist, dass sie die Werke des Teufels zerstören. Der Teufel hält viele Menschen gefangen, Gläubige und Ungläubige, und durch die Gaben werden seine Anrechte zerstört und die Menschen freigesetzt. Drittens werden die Gaben zur Erbauung, zur Ermutigung und zum Trost gegeben. Die Gaben des Geistes werden immer diese Ergebnisse haben. Wenn nicht, sollte man fragen, wovon die Gaben inspiriert sind.

In 1. Korinther 12,4-11 sehen wir eine Liste mit 9 Gaben des Geistes. Ich möchte diese Gaben in Kategorien einteilen, damit wir sie besser einordnen können:

- Offenbarungsgaben
- Sprachgaben
- Kraftgaben

In diesem Kapitel möchte ich die Offenbarungsgaben in den Mittelpunkt stellen. Die anderen Gaben werden in Kapitel 8 behandelt.

Wenn wir die Offenbarungsgaben betrachten, werde ich öfters das griechische Wort „rhema“ gebrauchen. Im Griechischen gibt es zwei Begriffe für das „Wort von Gott“. Das eine ist *logos*, welches das geschriebene Wort der Bibel meint. Das andere ist *rhema*, welches das aktuelle Reden Gottes meint.

Offenbarungsgaben

Das Wort der Weisheit: Göttliche Weisheit in einer bestimmten Situation, in der eine Entscheidung getroffen oder eine Antwort gegeben werden muss, damit Gottes Wille geschehen kann.

Weisheit ist die Fähigkeit, Erkenntnis zur richtigen Zeit in der richtigen Situation anzuwenden. Es gibt Menschen, die über ein großes Wissen verfügen, aber im Grunde sind sie Narren, weil sie nichts davon anwenden können. Die Bibel sagt, Jesus ist unser Hirte und wir sind seine Schafe. Wenn die Bibel uns „Schafe“ nennt, ist das kein Lob. Schafe sind sehr dumme Tiere und zeigen uns, wie sehr wir einen weisen Hirten brauchen.

Jesus sagte, dass er an seiner Stelle einen Helfer senden würde. Jesus ist jetzt im Himmel, und unser Hirte auf der Erde ist der Heilige Geist (Johannes 16,13). Das Wort der Weisheit ist ein Rhema-Wort vom Heiligen Geist, das dich in einer bestimmten Situation anleitet. Hier ein Beispiel aus dem Leben Jesu:

Und sie fragten ihn und sagten: Lehrer, wir wissen, dass du recht redest und lehrst und die Person nicht ansiehst, sondern den Weg Gottes in Wahrheit lehrst. Ist es uns erlaubt, dem Kaiser Steuer zu geben oder nicht? Aber er nahm ihre Arglist wahr und sprach zu ihnen: Zeigt mir einen Denar! Wessen Bild und Aufschrift hat er? Sie aber antworteten und sprachen: Des Kaisers. Er aber sprach zu ihnen: Gebt daher dem Kaiser, was des Kaisers ist, und Gott, was Gottes ist!

Lukas 20,21-25

Der Herr gab mir das Vorrecht, an viele Orte zu reisen und in der Kraft des Königreichs zu dienen. Aber ich habe festgestellt, dass nicht jeder Pastor und Leiter von dem Heilungsdienst begeistert ist. Viele in der Gemeinde haben aufgrund von Enttäuschungen, die Bitterkeit in ihre Herzen gebracht haben, aufgegeben. Bei dem einen ist ein geliebter Mensch an Krebs gestorben. Bei anderen ist die Ehe zerbrochen oder sie haben ihren Sohn verloren. Wenn wir von dem übernatürlichen Wirken Gottes reden, werden viele Menschen zornig und beginnen zu argumentieren. In solchen Situationen, in denen ich mich „in die Ecke gedrängt" fühle, weil die Menschen mit mir über Gottes Güte streiten, empfange ich oft ein Wort der Weisheit. Das sind dann Worte, von denen ich nie gedacht hätte, dass sie aus meinem Mund kommen würden, die meine Ankläger überzeugen, Glauben wecken und ihre Herzen beruhigen (Sprüche 15,1).

Ein weiteres Beispiel finden wir im Alten Testament in 1. Könige 3,16-28, als der weise König Salomo ein salomonisches Urteil fällt. Jedes Mal, wenn der Geist dich leitet, was du sagen, oder wie du in einer bestimmten Situation handeln sollst, ist das ein Wort der Weisheit.

Worte der Erkenntnis

Das Wort der Erkenntnis: Göttliches Wissen in einer bestimmten Situation, über eine Person, einen Ort oder ein Ereignis. Diese Erkenntnis betrifft entweder die Vergangenheit oder die Gegenwart, aber nie die Zukunft. Diese Gabe ist hilfreich für Gebet, Evangelisation, Heilung, Befreiung oder Wunder.

Es gibt viele Beispiele für diese Gabe in der Bibel (Johannes 14,16-19; Matthäus 16,13-17). In dieser Geschichte heilt Jesus einen Gelähmten:

> *Es saßen da aber einige Schriftgelehrte und dachten in ihren Herzen: Wie redet der so? Er lästert Gott! Wer kann Sünden vergeben als Gott allein? Und Jesus erkannte alsbald in seinem Geist, dass sie so bei sich selbst dachten, und sprach zu ihnen: Was denkt ihr solches in euren Herzen?*
>
> Markus 2,6-8 (LUT)

Manche Menschen glauben, dass Jesus alles wusste, weil er ja Gottes Sohn war. Wir sahen in Kapitel 3, dass diese verbreitete Annahme falsch ist. Jesus empfing in diesem Moment ein Wort der Erkenntnis und wusste durch den Heiligen Geist, was sie dachten.

Die meisten meiner Erfahrungen mit dem Wort der Erkenntnis beziehen sich auf Heilung, Befreiung und Wunder. Ein Wort der Erkenntnis ist das Rhema Wort des Heiligen Geistes für einen bestimmten Moment.

Ich wurde nach Maharashtra für eine dreitägige Heilungsevangelisation eingeladen. Am Abend des zweiten Tages sah ich eine Vision, bevor ich auf die Bühne ging. In der Vision sah ich einen Magen und den Verdauungstrakt, um den eine grüne Schlange gewickelt war. Eine Schlange ist in der Bibel ein Symbol für dämonische Mächte (Lukas 10,19). Ich hörte sofort die Stimme des Heiligen Geistes: „In der Versammlung ist ein Mann, der nicht verdauen kann, weil ein Dämon ihn quält". Nach der Predigt gab ich das Wort der Erkenntnis weiter: „Es ist ein Mann hier, dessen Verdauung nicht mehr funktioniert, steh bitte auf!" Ganz hinten, in der Versammlung von ungefähr 2000 Menschen, stand ein Mann auf. Ich sah ihn an und sagte: „So wie es der Herr mir gezeigt hat, soll es sein. In Jesu Namen, quälender Teufel komm heraus und verlasse ihn!" Dann bat ich ihn, sich wieder hinzusetzen.

Am dritten Abend kam der Mann auf die Bühne, um ein Zeugnis weiterzugeben. Er war ein Ungläubiger und sagte, dass er viele Tage nichts hatte essen können. Er hörte dann von den Heilungen, die bei der Evangelisation geschahen und so ging er auch hin. Er bezeugte, dass in dem Moment, als ich das Wort weitergegeben hatte, er sofort vollständig geheilt wurde. Weil er nicht wusste, dass Gott ihn geheilt hatte, wollte er vor mir auf die Knie fallen und mich verehren. Ich erklärte ihm, dass nur Jesus allein ihn geheilt hätte.

Gott möchte immer heilen, befreien und Wunder tun. Ich ermutige Menschen nicht, auf ein Wort der Erkenntnis zu warten oder danach zu streben, sondern ganz einfach Gott zu glauben. Aber was ist besonders an einem Wort der Erkenntnis? Ein Wort der Erkenntnis setzt Glauben für eine bestimmte Gnade frei. Wenn man darauf eingeht, wird Gott mächtig wirken.

Prophetie

Prophetie: Diese Gabe hat zwei Funktionen.

1. Es ist die Erkenntnis über den Willen Gottes für die Zukunft einer bestimmten Person, Situation oder eines Ortes. Dieses Wissen über die Zukunft kann den Glauben, Entscheidungen oder Handlungen beeinflussen.
2. Gottes *Rhema*-Wort, das ermutigt, aufbaut und Frieden bringt. Beispiele aus der Bibel sind: Matthäus 16,21; Apostelgeschichte 13,1-3; 20,22-23 und 21,10-11.

Viele verstehen Prophetie als unausweichliches Schicksal und denken, dass sie immer eintreffen würde. Außer bei einigen bestimmten Prophetien, wie z.B. die Wiederkunft Jesu, die Errettung Israels, das Endgericht usw. sind Prophetien nicht schicksalhaft, sondern eine Einladung für uns, den Willen Gottes zu erleben. Prophetie teilt dir Gottes Herz und seinen wunderbaren Willen für dein Leben mit. Man kann dem prophetischen Wort widerstehen und durch unseren Unglauben und unsere Handlungen vereiteln.

Ich war einmal in Unnao, Uttar Pradesh in einer Gemeinde im Gottesdienst. Nach dem Gottesdienst betete ich für viele Kranke. Eine Frau kam zu mir, die unfruchtbar war. Sie hatten acht Jahre versucht, ein Kind zu bekommen. Nachdem ich für sie gebetet hatte, sagte ich: „Du wirst schwanger werden und innerhalb eines Jahres ein Kind haben." Ich dachte nicht nach, bevor ich das sagte. Es kam einfach aus meinem Mund! Nachdem ich das gesagte hatte, bekam ich etwas Angst und dachte: „Was, wenn es nicht passiert?" Ich kam nach Unnao zurück und fand heraus, dass sie schwanger geworden war und im selben Jahr einen Sohn geboren hatte!

Dies war ein prophetisches Wort, das den Willen Gottes für ihre Zukunft offenbarte. Die Frau hatte im Glauben gehandelt, indem sie nach Hause ging und mit ihrem Mann intim wurde. Sie hätte sich auch entscheiden können, nicht zu glauben und keinen sexuellen Umgang mit ihrem Mann zu haben. Wenn sie so gehandelt hätte, dann wäre sie nicht schwanger geworden und sie hätte kein Kind bekommen. Prophetie ist eine Einladung, dass wir den Willen und die Kraft Gottes erleben.

Prophetie bezieht sich nicht immer auf die Zukunft. Viele der Prophetien, die ich weitergegeben und gehört habe, sind Botschaften von Gottes Herzen und hatten nichts mit der Zukunft zu tun.

Wer aber prophetisch redet, der redet zu Menschen zur Erbauung und zur Ermahnung und zur Tröstung.

1. Korinther 14,3 (LUT)

Wenn ich anderen diene, empfange ich z.B. folgende prophetischen Worte: „Der Vater möchte dir sagen, wie sehr er dich liebt. Er denkt an dich und du musst keine Angst haben, denn er ist treu," oder: „Du bist kostbar in seinen Augen. Du bist seine geliebte Tochter und er achtet dich sehr."

Aus meiner Erfahrung sind 90% der prophetischen Worte eine Botschaft vom Herzen Gottes, die den Zuhörer tröstet, ermutigt und stärkt. Ungefähr 10% beziehen sich auf die Zukunft.

Prophetie ist eine Botschaft von Gottes Herzen für dich und eine Einladung, seinen Willen für dein Leben zu erkennen und darin zu leben. Der Unterschied zwischen einem Wort der Erkenntnis und Prophetie ist folgender: Worte der Erkenntnis sind Offenbarungen über eine Person und prophetische Worte sind eine Botschaft von Gottes Herzen für eine Person.

Unterscheidung der Geister

Unterscheidung der Geister: Die Befähigung, in einer bestimmten Situation Gott, Engel und Dämonen im geistlichen Bereich zu identifizieren und entsprechend auf sie einzugehen. Biblische Beispiele stehen in Lukas 13,10-16; Apostelgeschichte 13,8-12 und 2. Könige 6,8-18.

Es ist meine Überzeugung, dass in den meisten Orten und Situationen Gott, seine Engel und Dämonen gegenwärtig sind, wir es aber nicht wahrnehmen können. Wenn ich zu einer Menge von Hunderten oder Tausenden predige, sind Engel ebenso wie Dämonen gegenwärtig.

Wenn wir in der Lage wären, einen Engel oder Dämon zu sehen, dann wären wir aufgeregt und würden denken: „Wow, ich sehe einen!“ Aber glaube mir, es gibt sehr viele, die wir nicht sehen.

Durch die Gabe der Geisterunterscheidung haben wir für kurze Zeit die Möglichkeit in den geistlichen Bereich zu sehen. Wir sehen nicht alle Dämonen und ihr Zerstörungswerk, wir sehen nur die, mit denen wir gerade konfrontiert werden, und gegen die wir im Moment vorgehen sollen.

Ich gebe dir einige Beispiele. Ich war in Redding, Kalifornien bei einer Leiterkonferenz in der Bethel-Church. Am Ende einer Veranstaltung wurden wir eingeladen, für andere um geistliches Wachstum zu beten. Während ich im Gebet war, spürte ich eine starke Gegenwart einige Meter vor mir. Je näher diese Gegenwart kam, desto intensiver nahm ich sie wahr. Als sie ungefähr eineinhalb Meter von mir entfernt war, schoss plötzlich eine Kraft wie Elektrizität in meine Richtung und traf mich. Mein ganzer Körper erbebte, ich fiel zu Boden und zitterte. Während ich auf dem Boden lag, sah ich vor mir einen Engel. Er trug ein weißes Gewand, das bis zu den Knien reichte. Sein Gesicht strahlte so hell, dass ich seine Gesichtszüge nicht erkennen konnte. Die Flügel waren aus meiner Perspektive nicht zu sehen und er hatte eine glatte, makellose Haut.

Dann sprach der Engel zu mir, aber die Worte kamen nicht aus seinem Mund, sondern eher durch Gedankenübertragung. Seine Gedanken erschienen in meinem Verstand: „Ich bin ein Wunderengel, den der Herr zu dir gesandt hat. Du wirst mich nicht immer sehen, aber ich werde immer bei dir sein." Ein Augenzwinkern und er war weg. Niemand außer mir hatte ihn gesehen. Warum war ich der einzige, der ihn sah und zu dem er sprach? Weil nur ich in diesem Moment die Gabe der Unterscheidung der Geister hatte.

Nach dieser starken Erfahrung ging ich nach Maharashtra in Indien, um an einem Heilungsgottesdienst teilzunehmen. Ich wurde eingeladen, an einem Abend zu einer Menge von ungefähr 3000 Menschen zu sprechen. Nach der Predigt betete ich für die Kranken. Während dieser Zeit sah ich Engel in der Menschenmenge. Ich sah einen Mann, der anscheinend sehr krank war und der seine Hand in der Gebetszeit erhoben hatte. Einen Moment später schaute ich wieder hin und er lag bewusstlos auf dem Boden.

Nach dem Gebet luden wir diejenigen auf die Bühne ein, die geheilt und befreit worden sind, um Zeugnis zu geben. Der Mann, den ich gesehen hatte, kam auch und bezeugte, dass ihn jemand berührte hatte und dass Strom durch seinen Körper ging und er zu Boden fiel (genau wie es mir ergangen war!). Als er aufstand, hatte er keine Schmerzen mehr. Er sagte, er hätte an einigen chronischen Krankheiten gelitten, aber alle Symptome waren verschwunden!

In einer anderen Situation betete ich für eine Frau, die an Depressionen litt und viele emotionale Probleme hatte. Als ich die Gegenwart des Heiligen Geistes eingeladen hatte, bekam ich sofort eine Vision. Ich war in einem Raum und auf der gegenüberliegenden Seite war eine Tür, die geschlossen war. Als ich mich der Tür näherte, konnte ich durch das Schlüsselloch schauen. Ich ging in den nächsten Raum, der wie der erste aussah, wieder mit einer Tür auf der gegenüberliegenden Seite. Mein Blick ging zu dieser Tür und dasselbe wiederholte sich insgesamt viermal. Als ich in dem vierten Raum war und durch das vierte Schlüsselloch schaute, kam ich in einen weiteren Raum. Dort schlief ein junges Mädchen in einem Bett. Ich hatte den Eindruck, dass das Mädchen ungefähr vier Jahre alt war. Dann sah ich, wie ein böser Geist in ihr Bett kam und über ihr stand. Das Mädchen bekam Panik. Sie stöhnte und warf sich herum. Der Geist fuhr in sie ein und das Mädchen setzte sich im Bett auf, schrie und weinte.

Nachdem ich das gesehen hatte, sah ich sie an und sagte: „Seitdem du vier bist, hast du nachts schlimme Albträume und Panikattacken." Sie bestätigte das und sagte: „Ja, aber woher weißt du das?" Dann befahl ich: „Geist der Furcht aus der vierten Generation, komm jetzt aus ihr heraus!" Der Geist offenbarte sich und verließ sie.

Die Vision dauerte etwa nur zehn Sekunden. In der Vision sah ich genau, woher die Belastung kam. Es waren vier leere Zimmer, die für die vier Generationen standen, in denen der Geist weitergegeben worden ist. Die Schlüssellöcher standen für sein Anrecht zu bleiben. Das war eine sehr klare Vision, die ich durch die Gabe der Geisterunterscheidung bekam. Zu anderen Zeiten ist es nicht so spezifisch, aber genauso effektiv.

Wenn wir diese Gabe ausüben, hören und erkennen wir den geistlichen Bereich auf besondere Weise, was direkte Auswirkungen haben wird. Diese Gabe ist sehr effektiv, im Befreiungsdienst, in der Fürbitte und wenn wir mit Engeln zusammenarbeiten.

Ich möchte dir ein weiteres Beispiel für diese Gabe geben. Ich war in Varanasi und lehrte auf einer Konferenz über die Liebe Gottes. Es war kein Heilungs- oder Befreiungsgottesdienst. Die Menschen kamen, um etwas über den himmlischen Vater und seine große Liebe für die Nationen zu lernen. Ganz am Ende der Konferenz kamen viele Menschen, um Gebet zu empfangen. Ich sah einen Mann in der Schlange stehen, den ich vor zwei Jahren schon einmal getroffen hatte. Aber er sah sehr, sehr krank aus. Aus der Ferne konnte ich sehen, dass er gelbliche Augen hatte und er sah sehr schwach und kraftlos aus.

Als er an der Reihe war, Gebet zu empfangen, fragte ich ihn, was das Problem sei. Er sagte, dass er seit 3-4 Monaten an Gelbsucht leiden würde. Seine Leber schmerzte, und er hatte viel Gewicht verloren. Er war schon bei verschiedenen Ärzten und nahm Medikamente, aber es wurde nicht besser. Sein Zustand war so schlecht, dass er sterben würde, wenn er kein Wunder erlebte.

Bevor ich für ihn betete, lud ich den Heiligen Geist ein. „Heiliger Geist, mein Geliebter, komme auf mich und sei mit mir. Ich gebe dir jetzt in allem den Vorrang." Dann legte ich meine Hände auf seine Leber. Augenblicklich spürte ich eine Kraft, die von meiner Schulter durch meinen Arm in seinen Körper floss. Die Kraft war so stark, dass ich nicht einmal beten konnte. Ich stand nur da, meine Hand auf ihm, und zitterte. Er zitterte auch, aber nicht so stark wie ich. Nach ein oder zwei Minuten ließ die Kraft nach. Ich fragte ihn: „Wie fühlst du dich jetzt?" Er war erstaunt über die Kraft und antwortete, dass alle Schmerzen und die Schwäche in seinem Körper verschwunden sind. Er fühlte sich komplett wiederhergestellt.

Ich lächelte und sagte: „Du kannst jetzt gehen." Als er sich umdrehte und weggehen wollte, hörte ich die Stimme des Geistes sagen: „Lass ihn nicht gehen! Der Kampf ist noch nicht vorbei. Treibe den Geist des Todes aus." Ich schrie: „Hey! Komm zurück! Ich muss noch etwas für dich beten!" Er kam zurück und ich bat ihn, mir in die Augen zu sehen. Ich starrte in seine Augen und befahl: „Du Geist des Todes! Ich befehle dir, ihn jetzt zu verlassen, komm heraus!" Als ich das sagte, bäumte er sich auf und schüttelte sich. Ich fragte ihn, was er fühlte. Er erwiderte, dass er eine böse Macht in seinem Unterleib gespürt hat, die ihn verlassen hat. Da ich keine weitere Anweisung bekam, entließ ich ihn. Am nächsten Tag trafen wir uns zufällig am Bahnhof von Varanasi und er erzählte jedem, wie Gott ihn geheilt hatte und wie seine Kraft zurückkam. Innerhalb von 24 Stunden hatten seine Augen wieder die ursprüngliche Farbe!

In dieser Situation hatte ich die Gabe der Unterscheidung der Geister bekommen, um den Geist zu erkennen und ihm zu befehlen, dass er gehen musste. Wenn diese Gabe aktiv ist, gehen die Geister ohne Kampf, weil die Kraft des Heiligen Geistes wirksam ist.

Auslegung der Zungen

Auslegung der Zungen: Die spezielle Fähigkeit, in einer bestimmten Situation eine fremde, himmlische Sprache zu verstehen.

Ich zähle diese Gabe unter die „Offenbarungsgaben“ und nicht unter die „Sprachengaben“. Wie alle Offenbarungsgaben, ist die Auslegung der Zungen eine Offenbarung des Geistes.

> *Was ist nun, Brüder? Wenn ihr zusammenkommt, so hat jeder einen Psalm, hat eine Lehre, hat eine Offenbarung, hat eine Sprachenrede (oder Zungenrede), hat eine Auslegung: alles geschehe zur Erbauung. Wenn nun jemand in einer Sprache redet, so sei es zu zweien oder höchstens zu dritt und nacheinander, und einer lege aus.*
>
> 1. Korinther 14,26-27

Diese Gabe wird im Zusammenhang mit der Gabe des Sprechens in Zungen gebraucht. Spricht jemand in einer unbekannten oder himmlischen Sprache, dann ist es notwendig, dass jemand die Auslegung dazu empfängt. Die Auslegung kann auf unterschiedliche Art und Weise geschehen, wie ich gleich zeigen werde. Ich habe festgestellt, dass das Auslegen der Zungen der Prophetie ähnelt. Es ist ebenso eine Botschaft, die von dem Herzen Gottes kommt für eine Person oder Gruppe. Der Unterschied zwischen Zungenauslegung und Prophetie ist die Art, wie sie weitergegeben wird. Der Auslegung geht die Zungenrede voraus und die Auslegung folgt. Die Zungenrede ist wie ein „Trompetenstoß“, sie erregt die Aufmerksamkeit der Hörer und bereitet sie auf das vor, was Gott sagen will.

Verschiedenen Arten der Offenbarungsgaben

Wir haben gerade die fünf Offenbarungsgaben beschrieben. Jetzt werden wir anschauen, auf welchem Weg der Heilige Geist mit uns kommuniziert. Diese Liste ist nicht vollständig, sondern beschreibt den „normalen“ Weg, wie eine Person diese Gaben empfängt.

Diese Kommunikationswege sind: Visionen, Träume, eine Stimme hören, Eindrücke, sowie emotionale Gefühle und körperliche Wahrnehmungen. Jede dieser Offenbarungsgaben, sei es das Wort der Weisheit, die Unterscheidung der Geister oder die Auslegung von Zungenrede, kann auf einem dieser Wege zu uns kommen. Prophetie können wir einmal in einer Vision empfangen, in einer anderen Situation haben wir einen Eindruck. Wenn wir wissen, wie der Heilige Geist normalerweise zu bestimmten Menschen spricht, dann können wir seiner Stimme mehr Aufmerksamkeit schenken.

Visionen	Es gibt zwei Arten von Visionen: Offene und geschlossene. Offene Visionen können wir mit unseren physischen Augen sehen. Geschlossene Visionen sehen wir mit den Augen unseres Herzens oder Geistes, ähnlich, wie wenn wir uns etwas vorstellen. Die häufigste Art ist die geschlossene Vision. Eine Vision ist ein Bild oder ein Film, den uns der Heilige Geist zeigt. Wenn wir eine Vision haben, benötigen wir meist eine Auslegung.
Träume	Ähneln der Vision, nur erleben wir sie, wenn wir schlafen.
Eine Stimme hören	Es gibt zwei Arten von Stimmen, die wir hören können: eine hörbare Stimme, die wir mit unseren physischen Ohren hören, und eine innere Stimme, die wir mit unseren geistlichen Ohren hören.
Eindrücke	Ein plötzliches Wissen über einen Menschen, oder eine Situation, ohne dass wir eine Vision haben oder eine Stimme hören.
Gefühle	Ein plötzliches Gefühl, emotional oder körperlich, dass uns etwas offenbart.

Lass uns hier einige Beispiele aus der Bibel betrachten:

Ich war in der Stadt Joppe im Gebet, und ich sah in einer Verzückung eine Erscheinung, wie ein Gefäß herabkam, gleich einem großen leinenen Tuch, an vier Zipfeln herabgelassen aus dem Himmel: und es kam bis zu mir. Und als ich gespannt hineinschaute, bemerkte und sah ich die vierfüßigen Tiere der Erde und die wilden Tiere und die kriechenden und die Vögel des Himmels. Ich hörte aber auch eine Stimme, die zu mir sagte: Steh auf, Petrus, schlachte und iss! Ich sprach aber: Keineswegs, Herr! Denn niemals ist Gemeines oder Unreines in meinen Mund gekommen.

Eine Stimme aber antwortete zum zweiten Mal aus dem Himmel: Was Gott gereinigt hat, mach du nicht gemein! Dies aber geschah dreimal: und alles wurde wieder hinaufgezogen in den Himmel.

Apostelgeschichte 11,5-10

Wenn wir uns diese Geschichte anschauen, wissen wir nicht genau, ob Petrus die Vision mit offenen oder geschlossenen Augen sah. Während der Vision hörte er auch, wie der Geist mit ihm redete. Petrus empfing ein prophetisches Wort durch eine Vision und das Hören einer Stimme. Es ist ein prophetisches Wort, denn Gott teilte Petrus eine persönliche Botschaft mit. Er wurde beauftragt, zu den Heiden zu gehen und ihnen zu dienen.

Sie durchzogen aber Phrygien und die galatische Landschaft, nachdem sie von dem Heiligen Geist verhindert worden waren, das Wort in Asien zu reden: als sie aber in die Nähe von Mysien kamen, versuchten sie, nach Bithynien zu reisen, und der Geist Jesu erlaubte es ihnen nicht. Als sie aber an Mysien vorübergezogen waren, gingen sie nach Troas hinab. Und es erschien dem Paulus in der Nacht ein Gesicht: Ein mazedonischer Mann stand da und bat ihn und sprach: Komm herüber nach Mazedonien und hilf uns! Als er aber das Gesicht gesehen hatte, suchten wir sogleich nach Mazedonien abzureisen, da wir schlossen, dass Gott uns gerufen habe, ihnen das Evangelium zu verkündigen.

Apostelgeschichte 16,6-10

Weil die Bibel es nicht näher erklärt, wissen wir nicht, wie der Heilige Geist es ihnen verboten hatte, nach Asien zu gehen. Später empfing Paulus ein prophetisches Wort durch eine Vision und dem Hören einer Stimme. Dieses prophetische Wort war für Paulus eine Botschaft, die ihm zeigte, wohin er gehen und was er tun sollte.

Und ein Mann in Lystra saß da, kraftlos an den Füßen, lahm von seiner Mutter Leib an, der niemals umhergegangen war. Dieser hörte Paulus reden: als der ihn fest anblickte und sah, dass er Glauben hatte, geheilt zu werden, sprach er mit lauter Stimme: Stelle dich gerade hin auf deine Füße! Und er sprang auf und ging umher.

Apostelgeschichte 14,8-10

Paulus sah den Glauben des verkrüppelten Mannes. Wie sah er ihn? Er sah ihn durch eine Vision. Paulus sah den Glauben des Mannes im geistlichen Bereich. Diese Offenbarung war ein Wort der Erkenntnis. Er wusste, dass dieser Mann bereit war, die Heilungskraft Gottes in diesem Moment zu empfangen. Wie bei vielen Worten der Erkenntnis sprach Paulus aus, was er sah und sagte: „Steh auf!" und augenblicklich geschah die Heilung.

Es saßen dort aber einige von den Schriftgelehrten und überlegten in ihren Herzen: Was redet dieser so? Er lästert. Wer kann Sünden vergeben außer einem, Gott? Und sogleich erkannte Jesus in seinem Geist, dass sie so bei sich überlegten, und spricht zu ihnen: Was überlegt ihr dies in euren Herzen?

Markus 2,6-8

Jesus wusste durch ein Wort der Erkenntnis, was diese Menschen dachten. Jesus hatte keine Vision, noch hörte er eine Stimme. Plötzlich erkannte sein Geist etwas, das ohne Offenbarung nicht möglich gewesen wäre. Das war ein geistliche Eindruck.

Er lehrte aber am Sabbat in einer der Synagogen. Und siehe, da war eine Frau, die achtzehn Jahre einen Geist der Schwäche hatte: und sie war zusammengekrümmt und völlig unfähig, sich aufzurichten. Als aber Jesus sie sah, rief er ihr zu und sprach zu ihr: Frau, du bist gelöst von deiner Schwäche! Und er legte ihr die Hände auf, und sofort wurde sie gerade und verherrlichte Gott. Der Synagogenvorsteher aber, unwillig, dass Jesus am Sabbat heilte, begann und sprach zu der Volksmenge: Sechs Tage sind es, an denen man arbeiten soll. An diesen nun kommt und lasst euch heilen und nicht am Tag des Sabbats! Der Herr nun antwortete ihm und sprach: Heuchler! Bindet nicht jeder von euch am Sabbat seinen Ochsen oder Esel von der Krippe los und führt ihn hin und tränkt ihn? Diese aber, die eine Tochter Abrahams ist, die der Satan gebunden hat, siehe, achtzehn Jahre lang, sollte sie nicht von dieser Fessel gelöst werden am Tag des Sabbats?

Lukas 13,10-16

Wir wissen nicht, wie Jesus den Dämon erkannte, der diese Frau plagte, durch eine Vision oder einen Eindruck, aber wir wissen sicher, dass er in der Gabe der Unterscheidung der Geister agierte. Durch diese Gabe war Jesus in der Lage, die Ursache des Problems zu identifizieren, einen Dämon, und entsprechend zu handeln.

Im Jahr 2009 hielt ich ein Seminar über die Gaben des Heiligen Geistes vor rund 100 Leitern. Nachdem ich über Worte der Erkenntnis gelehrt hatte, demonstrierte ich dies, indem ich einige Worte weitergab, die spontane Heilungen hervorriefen. Dann lud ich zehn Personen ein, Worte der Erkenntnis für andere zu empfangen. Sie waren sehr schüchtern, denn sie hatten vorher noch nie ein Wort der Erkenntnis empfangen, noch waren sie auf so einem Seminar gewesen. Ich legte meine Hände auf sie und teilte ihnen von dieser Gabe im Glauben aus. Dann bat ich sie, sich auf den Heiligen Geist auszurichten.

Ein Mann sagte, dass er plötzlich Schmerzen in der Stirn und in seiner Brust hatte. Er wusste, dass das nicht seine eigenen Schmerzen waren, denn er hatte vorher noch nie solche Schmerzen gehabt. Ich fragte dann die anderen, ob jemand in diesem Bereich Schmerzen hätte. Eine Frau stand auf und sagte: „Das betrifft mich. Ich habe Schmerzen in meiner Stirn und in meiner Brust." Ich bat ihn, für sie zu beten. Als er für ihre Schmerzen in der Stirn betete, verschwanden ihre Schmerzen und auch er spürte sie nicht mehr. Aber die Schmerzen in der Brust blieben. Dann betete er, dass die Schmerzen in der Brust verschwinden sollten, und als sie gingen, waren auch die Schmerzen in seiner Brust weg. Sie wurde augenblicklich geheilt. Das ist ein Beispiel dafür, wie emotionale oder körperliche Heilung vom Heiligen Geist genutzt werden, um uns zu zeigen, wie wir anderen effektiv dienen können.

Wenn wir den Zweck der Gaben und die Art und Weise verstehen, wie sie wirken, dann sind wir darauf vorbereitet, sie zu empfangen und mit dem Heiligen Geist zusammenzuarbeiten. Wenn ich merke, dass ich ein Wort der Erkenntnis empfange, verstehe ich, was Gott in einer bestimmten Situation tun will. Das stärkt meinen Glauben. Gott möchte nur, dass wir Glauben haben und Gehorsam sind. Wenn wir unseren Teil tun, dann tut er große und erstaunliche Wunder! Strebe ernsthaft nach den Gaben (1. Korinther 14,1), aber umso mehr strebe nach dem Geber der Gaben und bete ihn an!

8

GEISTLICHE GABEN – TEIL II

Sprachgaben

In diesem Kapitel werden wir die beiden anderen Arten von Gaben erklären: Die Sprachgaben und die Kraftgaben.

Verschiedene Zungen – Die göttliche Befähigung in unbekannten Sprachen zu reden.

> *Während Petrus noch diese Worte redete, fiel der Heilige Geist auf alle, die das Wort hörten. Und die Gläubigen aus der Beschneidung, so viele ihrer mit Petrus gekommen waren, gerieten außer sich, dass auch auf die Nationen die Gabe des Heiligen Geistes ausgegossen worden war: denn sie hörten sie in Sprachen reden und Gott erheben.*
>
> Apostelgeschichte 10,44-46

Und als Paulus ihnen die Hände aufgelegt hatte, kam der Heilige Geist auf sie, und sie redeten in Sprachen und weissagten.

Apostelgeschichte 19,6

Es gibt zwei Arten wie wir die Zungenrede praktizieren können. Einmal für das persönliche Gebet und zum andern als eine Botschaft des Geistes, im Zusammenspiel mit der Gabe der Zungenauslegung.

Persönliches Gebet – Zungenrede

So wie wir in verschiedenen natürlichen Sprachen beten können, können wir durch diese Gabe in unbekannten Sprachen beten und anbeten. Betet jemand in Sprachen, gehen seine Worte direkt zu Gott, ohne dass er ihren Sinn versteht, denn sie kommen aus der Tiefe seines Geistes. Wir können in einer natürlichen Sprache Gott anbeten, oder in einer unbekannten, geistlichen Sprache. Die Bibel ermutigt uns, beides zu tun, in bekannten Sprachen mit unserem Verstand, aber auch in Zungen zu beten.

Denn wer in einer Sprache redet, redet nicht zu Menschen, sondern zu Gott: denn niemand versteht es, im Geist aber redet er Geheimnisse.

1. Korinther 14,2

Was ist nun? Ich will beten mit dem Geist, aber ich will auch beten mit dem Verstand: ich will lobsingen mit dem Geist, aber ich will auch lobsingen mit dem Verstand.

1. Korinther 14,15

Vier Vorteile in Zungen zu beten	
1.	Stärkung des geistlichen Menschen (1. Korinther 14,4)
2.	Wachstum im Glauben (Judas 20)
3.	Beten nach dem Willen Gottes durch die Leitung des Heiligen Geistes
4.	Sensibler zu werden für die geistliche Welt und Gottes Gegenwart

Zungen-Botschaften

Der Zweck dieser Art der Zungenrede ist nicht das Gebet oder die Anbetung in einer unbekannten Sprache, noch ist sie direkt zum Herrn gerichtet, sondern es geht vielmehr um eine Botschaft an eine Person oder Gruppe. Wenn eine Botschaft durch die Gabe der Zungen weitergegeben wird, ist die Gabe der Auslegung absolut erforderlich. Diese Art der Zungenrede soll nur angewendet werden, wenn Gott eine Botschaft auf diese Art und Weise weitergeben will. Nach der Zungenrede wird der Heilige Geist die Gabe der Auslegung entweder dem Zungenredner oder einem anderen in der Versammlung geben. Die Auslegung stärken, trösten und aufzubauen. Gibt es keine Auslegung der Zungenrede, soll der Zungenredner schweigen. Diese Art der Zungenrede mit der Gabe der Auslegung ist der Gabe der Prophetie sehr ähnlich. Es ist eine persönliche Botschaft von Gott für eine Person oder Gruppe.

Ich danke Gott, ich rede mehr in Sprachen als ihr alle. Aber in der Gemeinde will ich lieber fünf Worte mit meinem Verstand reden, damit ich auch andere unterweise, als zehntausend Worte in einer Sprache.

1. Korinther 14,18-19

Wenn nun jemand in einer Sprache redet, <so sei es> zu zweien oder höchstens zu dritt und nacheinander, und einer lege aus. Wenn aber kein Ausleger da ist, so schweige er in der Gemeinde, rede aber für sich und für Gott.

1. Korinther 14,27-28

Kraftgaben

Die letzte Gruppe der Gaben, die wir uns ansehen, sind die Kraftgaben. Zu den Kraftgaben zählen: Glaube, Wunderwirkungen und Heilung. Diese Gaben werden der Gemeinde durch den Heiligen Geist für bestimmte Situationen gegeben (1. Korinther 12,11). Oft gehen Offenbarungsgaben den Kraftgaben voraus, damit die Kraftgaben effektiv eingesetzt werden können.

Es gibt einen gewaltigen Unterschied zwischen diesen Gaben und dem gewöhnlichen Glauben. Wir können zu jeder Zeit und in jeder Situation dem Wort Gottes glauben und Ergebnisse wie z.B. Heilung und Wunder erwarten. Das sind nicht die Manifestationen der Kraftgaben.

- Die Kraftgaben folgen meist auf das *Rhema*-Wort des Geistes, während der gewöhnliche Glaube auf dem Logos, dem geschriebenen Wort, basiert.

- Die Kraftgaben werden durch den Heiligen Geist hervorgerufen, während gewöhnlicher Glaube ein Ergebnis unseres Gehorsams ist, durch den wir in jeder Situation so handeln, wie die Bibel sagt.
- Die Kraftgaben sind für bestimmte Situationen vorgesehen, während der gewöhnliche Glaube in jeder Situation und zu jeder Zeit angewendet werden kann.

Nicht jede Heilung geschieht durch eine Heilungsgabe. Jesus sagte, dass wir die Hände auf die Kranken legen werden und es wird besser mit ihnen werden (Markus 16,18). Diese Heilungen geschehen oft durch einfachen Glauben, Vertrauen und Gehorsam gegenüber dem Wort Gottes und nicht durch die Gabe der Heilungen. Es ist sehr wichtig, dass wir diesen Unterschied verstehen, wenn wir in diesen Gaben dienen wollen. Die Kraftgaben sind Gnadengaben des Geistes, die unseren normalen Glauben, unser Vertrauen und   gegenüber Gottes Wort übersteigen.

Gabe des Glaubens

Gabe des Glaubens – Eine Übertragung von göttlichem Glauben, in dem kein Zweifel oder Unglauben existiert. Dieser Glaube ist nur für eine bestimmte Situation, in der der gewöhnliche Glaube dieser Person für das benötigte Wunder nicht ausreicht.

Die Gabe des Glaubens hebt sich von dem normalen Glauben ab. Glaube ist gegründet auf das Wort Gottes und ist ein Wachstums- und Reifungsprozess (Römer 10,17,

Matthäus 14,22-31). Die Gabe des Glaubens ist anders. Sie ist eine Übertragung von Gottes vollkommenem Glauben.

Menschen, die in dieser Gabe dienen, können bezeugen, dass sie für eine bestimmte Sache einen ungewöhnlich starken Glauben bekommen haben. Eine starke Kühnheit überkommt sie und alles, wofür sie glauben, wird real. Wenn die Gabe das Ziel erreicht hat, wofür sie gegeben wurde, fallen sie wieder in ihren normalen Glauben zurück. Diese Gabe tritt oft bei schlimmen Krankheiten, finanziellen Engpässen oder in anderen unmöglich erscheinenden Situationen auf.

> *Und Jesus antwortete und spricht zu ihnen: Habt Glauben an Gott! Wahrlich, ich sage euch: Wer zu diesem Berg sagen wird: Hebe dich empor und wirf dich ins Meer! und nicht zweifeln wird in seinem Herzen, sondern glauben, dass geschieht, was er sagt, dem wird es werden.*
>
> Markus 11,22-23

Die meisten Bibelübersetzungen übersetzen Vers 22 nicht korrekt. Aus dem Griechischen sollte die Übersetzung richtig heißen: „Habt die Art von Gottes Glauben" oder „Habt Gottes Glauben". Auch wenn wir diese Bibelstelle auf unsere normalen Glauben in unserem Alltag anwenden können, spricht diese Bibelstelle ausdrücklich von der Gabe des Glaubens. Wenn wir uns in Gottes Glauben bewegen, gibt es keinen Zweifel, und was auch immer wir aussprechen oder proklamieren wird geschehen. Die Gabe des Glaubens gibt absolute Zuversicht, dass das, was jemand glaubt, auch geschehen wird.

Ich möchte Pastor Ankit Sajwan's Zeugnis als praktisches Beispiel für diese Gabe gebrauchen. In seiner Gemeinde gab es ein junges Ehepaar, das er begleitete. Eines Tages erhielt Ankit einen Anruf der Ehefrau, die weinte. Ankit fragte sie, was passiert sei. Sie antwortete, dass ihr Mann seit Tagen Schmerzen hätte und sie beim Arzt waren. Beim Arzt erfuhren sie, dass er eine akute Blinddarmentzündung hatte. Die Ärzte warnten ihn, dass der Blinddarm jeden Moment platzen könnte und sie rieten zu einer umgehenden Operation. Während sie weinte, erzählte sie Ankit, dass sie das Geld für die Operation nicht hätten.

In Ankit's Herzen stieg großer Glaube auf und sofort erklärte er laut: „Kein Skalpell wird seinen Körper berühren! Geht nicht zur Operation. Ich werde sofort zu euch kommen und für ihn beten."

Ankit teilte unmissverständlich mit, dass das nicht sein gewöhnlicher Glaube war. Jeder Moment, wo nicht operiert wurde, konnte zu lebensbedrohlichen Komplikationen führen. „Aber dieser Glaube war anders", erklärte Ankit. „Es fühlte sich so an, als ob alles, was ich angeordnet hatte, geschehen würde und es gab keinen Zweifel daran."

Ankit holte einige der Ältesten seiner Gemeinde und ging direkt ins Krankenhaus. Sie beteten gemäß Jakobus 5,14 und salbten ihn mit Öl. Nach dem Gebet verschwanden seine Schmerzen und er war vollständig geheilt ohne Operation oder Medikamente.

Wunderwirkungen

Wunderwirkungen – Eine Übertragung von Gottes Kraft in einer bestimmten Situation, um ein Wunder zu vollbringen.

Einige Beispiele dafür stehen in Matthäus 14,22-32, Johannes 2,1-11; 6,1-14 und 2. Könige 6,1-6.

Wunder geschehen, wenn wir gemäß der Leitung des Heiligen Geistes handeln oder sprechen.

Ich diente einmal in Manmad, Maharashtra, wo in einer Heilungsversammlung eine Frau war, die ihren Arm und ihr Handgelenk vor 2 Jahren gebrochen hatte. Die Ärzte hatten sie operiert und eine Metallschiene in ihren Arm und das Handgelenk eingesetzt. Seit der Operation konnte sie ihr Handgelenk in eine bestimmte Richtung nicht bewegen.

Nachdem sie Gebet empfangen hatte, bemerkte sie etwas Seltsames. Ihr Handgelenk ließ sich in alle Richtungen bewegen und war ganz flexibel! Sie erklärte, dass das nicht möglich sei, da in ihrem Arm eine Metallschiene wäre! Der Heilige Geist hat entweder den Stab teilweise oder ganz aufgelöst, denn ihr Handgelenk war geheilt und voll beweglich. Das war nicht nur eine Heilung, sondern es war ein Wunder.

Gaben der Heilungen

Gaben der Heilungen – Eine Übertragung von Gottes Kraft in einer bestimmten Situation, um Krankheiten zu heilen: körperliche, seelische oder psychische.

Das ist die einzige Gabe, die im Griechischen im Plural steht. Es sind Gab*en* der Heilung*en*. Das bedeutet, dass es bei dieser Kategorie verschiedene Arten der Heilungen für verschiedene Beschwerden gibt.

In Versammlungen habe ich oft bemerkt, dass der Heilige Geist eine bestimmte Krankheit oder ein Gebrechen besonders hervorhebt. Zum Beispiel Gelenkschmerzen oder Arthritis, Rückenprobleme oder Taubheit. Manchmal emotionelle Probleme, wie Angst oder Depression. Der Fokus auf eine bestimmte Krankheit mag durch Worte der Erkenntnis kommen. Wenn wir dann für diese bestimmte Krankheit beten, sehen wir erstaunliche Durchbrüche. Manchmal haben wir keine bestimmte Führung vor einer Versammlung, aber wenn die Menschen dann kommen und ihre Zeugnisse mitteilen, dann bemerken wir, dass viele mit demselben Problem geheilt wurden. Wenn wir spüren, dass diese Gabe sich manifestiert, gehen wir aggressiver gegen diese Art von Krankheit oder dämonische Belastung vor und laden jeden aus der Versammlung ein, Gebet zu empfangen.

Leidenschaftliches Verlangen nach geistlichen Gaben durch Unterordnung unter seinen Willen

Der Apostel Paulus ermutigte die Gemeinde, ernstlich nach den Gaben des Geistes zu streben. Wir sollten sie studieren, Zeugnisse hören, beten und nach ihnen streben. Unser geistlicher Mensch sollte Hunger und Verlangen nach diesen Gaben haben. Warum? Weil nur Gott unseren Hunger stillen kann!

> *Glückselig, die nach der Gerechtigkeit hungern und dürsten, denn sie werden gesättigt werden.*
>
> Matthäus 5,6

Wir müssen zwei sehr wichtige Wahrheiten verstehen, wenn wir in diesen Gaben dienen wollen.

Erstens sollten wir die Gaben nie mehr suchen als den Geber der Gaben. Wann immer unsere Leidenschaft für die Gaben größer ist, als die Leidenschaft für den Heiligen Geist, kommen wir vom Weg ab und werden in selbstsüchtigen Ambitionen enden und die Ehre von Menschen suchen. Ich will ihn lieben, ihn kennenlernen und mich ihm zur Verfügung stellen, damit er mich gebrauchen kann. Wenn ich beständig Gemeinschaft mit ihm habe, dann werden die Gaben des Heiligen Geistes ganz natürlich durch mich fließen.

Zweitens: Der Heilige Geist teilt die Gaben aus. Wir können es uns nicht aussuchen, was der Heilige Geist in einer bestimmten Situation tun will. Wir werden durch ihn geleitet und nicht umgekehrt!

Dies alles aber wirkt ein und derselbe Geist und teilt jedem besonders aus, wie er will.

1. Korinther 12,11

Man könnte fragen: „Warum sollte ich nach den Gaben streben, wenn der Heilige Geist sowieso macht, was er will? Welche Rolle spielt dann meine Leidenschaft?"

Er teilt seine Gaben aus, wie er will, aber er gebraucht Menschen, um die Gaben auszuüben. Menschen, die in Gemeinschaft mit ihm leben, die nach seinen Gaben leidenschaftlich verlangen und die ihren Willen seinem untergeordnet haben.

Verstehe mich recht, wenn du damit beginnst, in den Gaben zu dienen, wirst du herausfinden, dass er mehr tun möchte, als wir es uns jemals vorstellen konnten! Er will mehr zu uns sprechen, als wir zu hören bereit sind. Hier kommt unser Glaube ins Spiel. Wenn ich nicht ganz sicher bin, dass er zu mir reden will, ist mein Glaube schwach. Dann wird es mir schwer fallen ihn zu hören. Wenn ich weiß, dass er immer mit mir reden will, bin ich aufmerksam und mir wird nichts entgehen. Dann ist mein Glaube groß. *Geh hin; dir geschehe, wie du geglaubt hast!* (Matthäus 8,13).

Ich weiß, dass Gott jederzeit Menschen heilen will. Ich bin sicher, dass er immer mit uns reden möchte. Ich muss ihn nicht überzeugen oder bedrängen, damit er sich bewegt, ich glaube, dass er mehr bewegen will, als uns lieb ist! Das Einzige, was ich tun muss, ist, ihm zuzuhören, wenn er spricht und ich muss verstehen, wen er berühren möchte.

Heißt das, wenn der Heilige Geist mir keinen Hinweis für eine kranke Person gibt, dass ich dann nicht für die Person beten soll? Bestimmt nicht! Ich kann im Glauben jederzeit für alle möglichen Probleme beten, unabhängig ob ich eine Leitung des Geistes verspüre oder nicht. Gott möchte, dass alle Menschen geheilt, befreit, gesegnet werden und Vergebung empfangen. Jedoch ist das Gebet unter der Leitung des Heiligen Geistes fruchtbarer und effektiver. In den meisten Versammlungen folge ich erst der Leitung des Geistes, und wenn ich keine bestimmten Anweisungen mehr habe, bete ich für andere, die mit ihren Nöten zu mir kommen. Aber ich gebe der Führung des Geistes den Vorrang.

Die Salbung des Geistes

Um in den Gaben des Geistes zu dienen, sind folgende drei Schritte wichtige Stationen auf dem Weg:

- Die Taufe im Heiligen Geist.
- Von jemandem zu lernen und zusammen mit ihm zu dienen, der erfahren in den Gaben des Geistes ist.
- Eine geistliche Übertragung von jemandem zu empfangen, der einen gesalbten Dienst hat.

Ich möchte den letzten Punkt hier erläutern: Eine geistliche Übertragung von einer gesalbten Person. Lies bitte folgende Schriftstellen:

Vernachlässige nicht die Gnadengabe in dir, die dir gegeben worden ist durch Weissagung mit Handauflegung der Ältestenschaft! Bedenke dies sorgfältig: lebe darin, damit deine Fortschritte allen offenbar seien!

Timotheus 4,14-15

Um dieser Ursache willen erinnere ich dich, die Gnadengabe Gottes anzufachen, die in dir durch das Auflegen meiner Hände ist.

Timotheus 1,6

Denn mich verlangt sehr, euch zu sehen, damit ich euch etwas geistliche Gnadengabe mitteile, um euch zu stärken,

Römer 1,11

Diese Bibelstellen beschreiben die Übertragung einer Gabe durch Handauflegung durch gesalbte Personen, wie die Ältesten einer Gemeinde oder den Apostel Paulus. Diese Gabe hatte sich Timotheus nicht ausgesucht, sondern der Heilige Geist teilt einem jeden das zu, was er will (1. Korinther 12,11). Timotheus empfing eine größere Sensibilität und Befähigung, in dieser Gabe zu dienen.

Wenn ich zum Beispiel eine Übertragung für die Gabe der Prophetie empfange, dann macht mich diese Übertragung sensibler gegenüber der Gabe der Prophetie und vergrößert meine Fähigkeit, darin zu dienen.

Diese größere Befähigung bedeutet nicht, dass ich über wem auch immer zu jeder beliebigen Zeit prophezeien kann. Aber ich kann in einem größeren Maß in der Gabe dienen, wenn der Heilige Geist sich manifestiert.

Ich habe über die Jahre viele Übertragungen durch Leiter empfangen, die in Prophetie, Worten der Erkenntnis und Gaben der Heiligungen dienten. Wenn ich eine Übertragung empfing, stellte ich fest, dass meine Sensibilität und meine Fähigkeit, in diesen Gaben zu dienen, zunahm.

Lies die folgenden Schriftstellen. Nach jedem Vers beantworte diese Frage: „Durch wen geschahen die mächtigen Taten des Geistes?"

Es kam aber über jede Seele Furcht, und es geschahen viele Wunder und Zeichen durch die Apostel.

Apostelgeschichte 2,43

Und mit großer Kraft legten die Apostel das Zeugnis von der Auferstehung des Herrn Jesus ab: und große Gnade war auf ihnen allen.

Apostelgeschichte 4,33

Aber durch die Hände der Apostel geschahen viele Zeichen und Wunder unter dem Volk: und sie waren alle einmütig in der Säulenhalle Salomos.

Apostelgeschichte 5,12

Von der Zeit, als der Heilige Geist in Apostelgeschichte 2 auf die Jünger gefallen ist, bis Kapitel 5, sehen wir dass Heilungen, Zeichen und Wundertaten nur durch die Apostel geschehen sind. Aber das verändert sich in Kapitel 6.

In diesen Tagen aber, als die Jünger sich mehrten, entstand ein Murren der Hellenisten gegen die Hebräer, weil ihre Witwen bei der täglichen Bedienung übersehen wurden. Die Zwölf aber riefen die Menge der Jünger herbei und sprachen: Es ist nicht gut, dass wir das Wort Gottes vernachlässigen und die Tische bedienen. So seht euch nun um, Brüder, nach sieben Männern unter euch, von <gutem> Zeugnis, voll Geist und Weisheit, die wir über diese Aufgabe setzen wollen! Wir aber werden im Gebet und im Dienst des Wortes verharren. Und die Rede gefiel der ganzen Menge: und sie erwählten Stephanus, einen Mann voll Glaubens und Heiligen Geistes, und Philippus und Prochorus und Nikanor und Timon und Parmenas und Nikolaus, einen Proselyten aus Antiochia. Diese stellten sie vor die Apostel: und als sie gebetet hatten, legten sie ihnen die Hände auf. Und das Wort Gottes wuchs, und die Zahl der Jünger in Jerusalem mehrte sich sehr: und eine große Menge der Priester wurde dem Glauben gehorsam. Stephanus aber, voller Gnade und Kraft, tat Wunder und große Zeichen unter dem Volk.

Apostelgeschichte 6,1-8

In Vers 6 lesen wir, dass die Apostel Stephanus die Hände auflegten und über ihm beteten. Dann sehen wir das Ergebnis in Vers 8 – dass er große Wunder und Zeichen unter dem Volk tat. Das sind die Folgen einer geistlichen Übertragung. Die uns verliehene Gnade wird an andere weitergegeben, und das Ergebnis ist meist sofort sichtbar. Ich möchte einige persönliche Zeugnisse weitergeben, die diese Wahrheit ebenfalls beschreiben.

Vor einigen Jahren wurde ich eingeladen, auf der *„All Maharashtra Pastors and Leaders Conference"* in den Morgen- und Abendversammlungen zu lehren. Während eines Abends diente ich in einer Heilungsversammlung mit mehreren Tausend Zuhörern. Es war ein Pastor mit Namen Santosh dort, der dem Herrn seit 2004 im nördlichen Teil von Maharashtra an der Grenze zu Madhya Pradesh diente. Während seines Dienstes sah er sehr wenige Heilungen und keine Wunder. 2009 kam er zur Konferenz und wollte mehr über den Heiligen Geist und seine Kraftwirkungen erfahren.

Während der Konferenz habe ich eine ganze Einheit über geistliche Übertragung gelehrt. Nach der Lehre betete ich für die Leiter. Als ich meine Hände auf Pastor Santosh legte, wurde Kraft, die sich wie elektrischer Strom anfühlte, in seinen Körper übertragen. Er wurde durchgeschüttelt und fiel zu Boden. Gesegnet sind die Hungrigen, denn sie sollen satt werden! Während der abendlichen Veranstaltung beobachtete er mich genau, wenn ich Worte der Erkenntnis weitergab und für die Menschenmenge betete. Er sah viele Heilungen, Wunder und Befreiungen.

Nach der Konferenz fuhr er sofort in seinen Heimatort und setzte das Gelernte um. Was war das Ergebnis? Zwei Kinder, sechs und sieben Jahre alt, die blind geboren waren, wurden geheilt und konnten nun sehen! Pastor Santosh betete für ein 15-jähriges Mädchen, das unter Kinderlähmung litt und an Krücken ging. Nach dem Gebet konnte sie sofort laufen! Ein 14-jähriges Mädchen, das taub geboren wurde, konnte sofort hören! Diese Wunder geschahen unmittelbar nach der geistlichen Übertragung.

Pastor Santosh ist ein Mann, der vom Heiligen Geist gesalbt ist, und jede Woche erzählt er von den Wundern, die Gott in seinem ganz alltäglichen Dienst tut.

Pastor Ankit Sajwan und ich waren in Pauri Garhwal in einer Heilungsveranstaltung. Am zweiten Tag sollte er sprechen. Ich sagte ihm, wie ich gewöhnlich Worte der Erkenntnis empfange, indem ich Visionen bekomme, die mir die Erkrankungen der Menschen in der Versammlung und deren Ursache zeigen. Pastor Ankit erwiderte, er hätte auf diese Weise noch nie ein Wort der Erkenntnis bekommen. Also legte ich meine Hände auf ihn. In dem Moment sah Ankit in einer Vision eine Frau, die einen rosagrünen Sari trug und in einem Käfig gefangen war. Er sah, wie die Kraft Gottes kam, den Käfig zerstörte und die Frau freisetzte. Einige Minuten später war er auf der Bühne, bereit um zu predigen.

Ankit sagte: „Bevor ich predige: Hier ist eine Frau, die einen rosagrünen Sari trägt. Steh auf, denn Gott wird dich jetzt heilen." Es waren rund 500 Menschen in der Zuhörermenge, aber niemand stand auf. Pastor Ankit schaute über die Menge und wiederholte seinen Satz, aber wieder stand niemand auf. Er schaute weiter und zeigte auf eine Frau, die einen rosagrünen Sari trug. Keine andere Frau in der Versammlung trug diese Farbkombination. Sie war gekommen, da sie von all den Heilungen, Wundern und Befreiungen gehört hatte. Sie litt viele Jahre unter Epilepsie. Nachdem sie aufgestanden war, kam die Kraft Gottes auf sie und sie wurde geheilt.

Ein letztes Zeugnis möchte ich über meine Schwägerin Aradhana geben. Als sie unsere vielen erstaunlichen Zeugnisse gehört hatte, wurde sie sehr hungrig nach mehr vom Heiligen Geist und ging mit uns nach Chandigarh zu einer Trainingskonferenz und einer Heilungsveranstaltung. Während wir um die Taufe des Heiligen Geistes und die Übertragung für die Leiter und Gläubigen beteten, wurde Aradhana auch mächtig berührt und mit dem Geist erfüllt.

Nach der Veranstaltung begann der Heilige Geist zu ihr über den Dienst zu sprechen. Aradhana ging in ihr Dorf zurück und unterrichtete an der Englischschule ihrer Eltern. In ihrer Klasse bemerkte sie einen Studenten, der teilweise taub war und Hörgeräte trug. Als sie ihn sah, sagte sie leise zum Heiligen Geist: „Heiliger Geist, es gibt einen tauben Jungen in dieser Klasse." Dann antwortete der Heilige Geist: „Ja, und was wirst du deswegen tun?"

Sie unterbrach den Unterricht und sagte den Kindern, dass sie für den Jungen beten würde. Sie legte ihre Hände auf die Ohren des Jungen und dachte nach: „Wie hatte Robert für die Tauben in Chandigarh gebetet?" Sie wusste es nicht mehr und betete ein einfaches Gebet. Sofort öffneten sich die Ohren des Jungen und er konnte wieder klar hören! Der ältere Bruder des Jungen wurde ins Klassenzimmer geholt und auch er bezeugte, dass sein Bruder geheilt war. Dann bat der ältere Bruder Aradhana für ihn zu beten, denn er hatte Probleme zu lernen und brauchte eine spezielle Nachhilfe. Als der Unterricht zu Ende war, gingen die Kinder nach Hause und erzählten ihren Eltern, was geschehen war. Eine ältere Dame kam zu Aradhana, und nachdem sie Gebet bekommen hatte, war sie sofort von Gelenkschmerzen geheilt.

Innerhalb von zwei Wochen verbesserten sich die Lernfähigkeiten des älteren Bruders, und die Lehrer konnten seinen Fortschritt feststellen! Die Neuigkeiten verbreiteten sich, und die lokale Gemeinde, die Aradhana seit ihrer Kindheit besuchte, lud sie zum Predigen ein.

Vor der Predigt gab ihr der Heilige Geist einige Worte der Erkenntnis. Sie rief einen Mann mit Magenproblemen nach vorne. Als sie zu beten begann, fiel der Mann auf den Boden und begann stark zu zittern. Er zitterte so stark, dass seine Brille herunterfiel. Nachdem das Schütteln aufgehört hatte, stand er auf, seine Symptome waren verschwunden und er war komplett geheilt. Dann öffnete Aradhana die Bibel und begann, einige Verse zu lesen. Der Mann nahm seine Bibel und konnte sie ohne seine Brille lesen. Er konnte wieder klar sehen! Er sprang herum und teilte sein Zeugnis, dass auch seine Augen übernatürlich geheilt worden waren und er nun seine Bibel ohne Brille lesen konnte!

Aradhana ist keine Pastorin oder Leiterin, sondern eine gewöhnliche Gläubige, die der Heilige Geist mächtig gebraucht. Die Gaben des Geistes sind für jedermann, nicht nur für Pastoren, Leiter und Prediger. Überall, wo ich hinkomme, bete ich um Übertragung des Geistes und der geistlichen Gaben und ich sehe, dass jeder, vom frisch bekehrten Gläubigen bis hin zu den Leitern, in den Gaben des Geistes wirken und dass durch sie dieselben Werke geschehen, wie durch mich.

9

PRAKTISCHE ANWENDUNG

Der Strom fließt

Vor einigen Jahren zeigte der Herr mir eine Vision. In dieser Vision sah ich die Erde und über der Erde sah ich hell erleuchtet den Himmel. Dann sah ich Jesus auf dem Thron in Herrlichkeit. Von diesem Thron ging ein Fluss aus, der hinunter zur Erde floss.

Dann sah ich, wie viele kleine Flüsse von dem großen Strom ausgingen. Die Flüsse flossen in jeden Kontinent der Erde. Über jedem Kontinent teilten sich die Flüsse wieder in kleinere Flüsse, die zu jedem Gläubigen in den Nationen gingen. Jeder Fluss floss zu einem Gläubigen und stoppte dann vor ihm. Der Strom war voller Leben, aber er floss nicht weiter.

Ich hörte wie der Herr sagte: „Aus der Gegenwart meines Sohnes fließt ein Strom – ein Strom so fruchtbar und voller Leben. Dieser Strom kann alle Bedürfnisse der Nationen stillen. Ich sehne mich danach, dass mein Volk meinen Sohn ehrt und das fruchtbare Wasser des Lebens empfängt. Ihr seid meine Türhüter, berufen um in der Gegenwart meines Geistes zu dienen."

Nachdem ich das gesehen hatte, wusste ich sofort in meinem Geist, dass dieser gnädige Strom zu jedem einzelnen Gläubigen auf diesem Planeten fließt. Das Beste daran war, nichts konnte unternommen werden, um diesen Strom zu stoppen. Aber es war nötig, sich auf den Strom einzulassen und mit ihm zusammenzuarbeiten, damit er durch uns fließen konnte.

Dann sah ich, wie Ströme lebendigen Wassers durch die Gläubigen auf trockenes und ausgedörrtes Land flossen und dort Leben hervorbrachten. Gras, Pflanzen und Bäume wuchsen. Ich konnte Gottes Herz und seine Leidenschaft für die Nationen spüren, dass die Nationen seine Güte schmecken und erfahren können.

Durch diese Offenbarung begriff ich, dass es nichts gab, was ich tun musste, um Gott zu motivieren oder zu bewegen. Er ist voller Leidenschaft und dieser Strom fließt seit 2000 Jahren. Es ist unsere Gleichgültigkeit gegenüber dem Herzen Gottes, die die Nationen in einem fruchtlosen Zustand hält.

Die Lüge der Religion

Und er zeigte mir einen Strom von Wasser des Lebens, glänzend wie Kristall, der hervorging aus dem Thron Gottes und des Lammes.

Offenbarung 22,1

Wenn wir Bibelstellen wie die obige lesen, können wir klar den Vater und den Sohn erkennen. Der Heilige Geist befindet sich ebenfalls in dem Bild, er ist der Strom des Lebenswassers, schön und kristallklar. Empfange es tief in deinem Geist ... der Strom fließt! Es gibt nichts, was du tun kannst, damit der Strom stärker oder schneller fließt, und es gibt nichts, was du tun kannst, damit der Strom nicht zu dir fließt. Du kannst nur verhindern, dass der Strom durch dich hindurch fließt und dass er aus dir heraus fließt (Johannes 7,37-39).

So ist es nicht mit dem religiösen Geist. Der religiöse Geist wird vom Teufel eingehaucht (1.Timotheus 4,1). Was ist ein religiöser Geist? Es ist Form ohne Kraft (2.Timotheus 3,5), Werke ohne Beziehung und das Evangelium ohne Gnade. Der religiöse Geist wird dich immer glauben lassen, dass der Durchbruch kurz bevor stünde, aber du wirst nie fähig sein, es zu erleben. Er wird dich lehren, was du tun musst, damit Gott motiviert bleibt oder eingreift. Er ist auf den Menschen und seine Versuche, Gott zu finden, fokussiert. Der religiöse Geist wickelt das Gesetz in das Geschenkpapier des Evangeliums. Er zeigt Gnade abhängig von Bedingungen. Ein religiöser Geist bringt Tod.

Wenn du einer von der Mehrzahl der Gläubigen auf diesem Planeten bist, dann hast du schon von diesem Baum gegessen. Diese Sache ist besonders für Gläubige aus zerbrochenen Familien gefährlich. Meine Kindheit war von Ablehnung, Furcht, Leistung, Gefühlen der Wertlosigkeit, Scham und Schuld gekennzeichnet.

Erinnere dich, dass die meisten aus zerbrochenen Familien zu Christus kommen (Matthäus 21,31-32; Lukas 7,36-50; 1.Korinther 1,26-29). Freudig empfangen sie das Evangelium, können aber leicht durch den Rhythmus dieses religiösen Geistes verleitet werden, der im Takt ihrer zerbrochenen Vergangenheit schlägt. Für gebrochene und solche mit unerneuertem Sinn, scheint es logisch, dass wir Leistung bringen und uns bemühen müssen. Du bist durch Gnade in das Königreich aufgenommen worden, aber nun denkst du, dass du hart dafür arbeiten musst, um nicht wieder zu versagen!

Denen unter uns, die sich schon so lange nach Erweckung sehnen, die ungezählte Stunden gebetet und unzählige Tage gefastet haben, möchte ich die Wahrheit sagen: Der Strom fließt. Glaube nur und akzeptiere diese Wahrheit.

Wo immer du bist, du hast den ganzen Rückhalt des Himmels, einen fließenden Strom, der jeder Sünde, jeder Krankheit, jedem Fluch oder Dämon gewachsen ist. Aus welchem Grund fließt dieser Strom? Warum kannst du glauben und vertrauen? Weil Jesus, unter dem Gesetz geboren, das ganze Gesetz für uns erfüllte (Galater 4,4-7), und Jesus betete für uns um die Erfüllung mit dem Geist.

Und ich werde den Vater bitten, und er wird euch einen anderen Beistand geben, dass er bei euch sei in Ewigkeit.

Johannes 14,16

Glaubst du, dass der Vater das Gebet von Jesus hörte und darauf antwortete? Ich glaube daran! Alles, was von mir erwartet werden könnte, damit der Strom fließt, wurde durch Jesus selbst erfüllt. Zu verleugnen, dass der Strom des Lebens zu uns fließt, heißt, dass wir ebenfalls den Tod und die Auferstehung Jesu verleugnen.

Ein Wunder im Park

Vor vielen Jahren war ich in Des Moines, Iowa, auf einer Erweckungskonferenz. Während des Gebets kam die Gegenwart des Heiligen Geistes auf mich. Zitternd und bebend fiel ich zu Boden. Der Herr begann wie gewöhnlich durch Visionen zu mir zu sprechen. Er zeigte mir sein leidenschaftliches Erbarmen für die Nationen. Grant Braaten, mein guter Freund, lag, ebenfalls von Gott berührt, neben mir auf dem Boden.

Nachdem wir aufgestanden waren, ergriff ich sofort seine Hand und sagte: „Lass uns gehen!" Verwundert antwortete er: „Wohin sollen wir gehen?" „Nach draußen! Wo all die kranken und verlorenen Menschen sind!" rief ich mit brennender Leidenschaft.

Wir verließen das Gebäude und sahen uns nach Menschen mit Krücken, Hörgeräten, Gehhilfen etc. um. Nach einigen Schritten kamen wir in einen Park. Dort standen Sitzbänke aus Metall, es gab einige Bäume und einen Springbrunnen.

Plötzlich sah ich mein erstes Ziel: eine Frau von ca. 40 Jahren in einem Elektrorollstuhl. Sofort steuerte ich auf sie zu. Ich war aufgeregt wegen dem, was gleich geschehen wird. Wenn du voller Glauben bist, wird dich jede auch noch so schreckliche Situation herausfordern, denn du bist überzeugt, dass der, der in dir ist, größer als jede unmögliche Situation ist und dass diese in einem Augenblick verändert werden kann.

Ich lächelte. „Mein Name ist Robert. Das ist mein Freund Grant. Ich sah Sie in diesem Rollstuhl sitzen und würde gerne für Sie beten. Können Sie mir sagen, woran Sie leiden?"

Sie erklärte, dass sie unter einer degenerativen Erkrankung der unteren Bandscheiben litt. Drei davon wären bereits zerstört. Ich fragte, ob ich für sie beten dürfte. Sie stimmte zu. Ich bat sie sich vorzulehnen, damit ich meine Hand auf ihren unteren Rücken legen konnte und wir beteten: „Heiliger Geist komm. In Jesu Namen setzen wir Heilungskraft und die heilende Gegenwart Jesu frei, damit ihr Rücken jetzt geheilt wird. Wir befehlen den Schmerzen jetzt zu gehen. Sei geheilt!"

Nach 40-Sekunden Gebet fragte ich sie, wie sie sich fühle. „Ahhh .... ich weiß nicht," antwortete sie. Ich sagte: „Gut, können Sie es testen? Können Sie etwas tun, dass Ihnen sonst Schmerzen verursacht hätte?"

Sie ergriff die Armlehnen des Rollstuhls und stand sehr langsam auf. Man sah ihr an, dass sie einen heftigen Schmerz erwartet hatte, als sie sich aufrichtete. Zu ihrer Überraschung stand sie aufrecht und begann dann langsam zu gehen. Dann, ohne nachzudenken, schrie ich „Lauf!"

Sie rannte los! Sie lief die Stufen zum Springbrunnen hinunter und wieder rauf zu uns. Sie lief mir in die Arme und gab mir eine dicke Umarmung. In ihrem Gesicht sah ich das größte Lächeln. Sie glühte vor Freude. Ich fragte sie: „Wie fühlen Sie sich?" Sie antwortete: „Kein Schmerz! Da ist kein Schmerz!" Das geschieht, wenn wir uns in den Strom begeben. Spring hinein!

Seiner Gegenwart Raum geben: ein Lebensstil

Die Gegenwart des Heiligen Geistes sollte nicht nur für unseren Dienst eine wichtige Priorität sein, noch sollte sie ein seltenes Ereignis auf speziellen Konferenzen sein. Seine spürbare Gegenwart sollte unsere alltägliche Realität sein.

Anstatt dass wir versuchen, für den richtigen Moment bereit zu sein, sollten wir einen Lebensstil führen, der von seiner Gegenwart erfüllt ist. Wir müssen nicht Stunden im Gebet verbringen, um dann zur richtigen Zeit vorbereitet zu sein, sondern wir dürfen ihn einladen unser tägliches Leben zu begleiten und wir sollten uns seiner Gegenwart bewusst sein.

Wenn du deinen Tag beginnst, setze dich für ein paar Minuten an einen stillen Ort und sage:

> „Guten Morgen, Heiliger Geist. Du bist in mir, du gehst mit mir und du ruhst auf mir. Gib mir die Gnade, deiner Person und deiner Gegenwart bewusst zu sein. Ich liebe dich. Komm, mein Geliebter. Meine Seele erfreut sich in dir. Geist der Gnade. Geist des Lebens, wohne in mir…."

Sprich langsam. Konzentriere dich auf ihn. Bald wirst du dir seiner Gegenwart bewusst sein. Das kann sich auf verschiedene Art und Weise zeigen. Körperlich wirst du vielleicht seine Gegenwart auf deinem Kopf, deinen Schultern, deinen Armen, deinen Händen oder deiner Brust spüren, als ob ein Tuch auf dich gelegt wurde. Oder du verspürst Hitze, Prickeln, Elektrizität oder du zitterst. Du spürst vielleicht Frieden und bist voller Freude. Vielleicht fühlst du dich umarmt, gehalten und von ihm eingehüllt. Du könntest Visionen sehen und seine Stimme hören. So einfach ist das. Es geschieht einfach, weil er Realität ist.

Sei dir seiner Person immer bewusst und schließe ihn in deinen Alltag mit ein. Setze dir „klare Ziele", für die du beten kannst. Was sind solche „klaren Ziele"? Jemand mit Kopfschmerzen, Allergien oder einer sonstigen Krankheit. Jemand, der durch Furcht, Depression, Angst oder verschiedene Süchte gebunden ist. Du bist der Repräsentant von Gottes Gnade auf dieser Erde! Tritt hervor!

Die Kranken heilen

Ich möchte dir jetzt die Grundlagen dafür geben, wie du in Zusammenarbeit mit dem Heiligen Geist für die Kranken beten kannst. Als erstes möchte ich dir sagen: Kranke heilen ist einfach! Ich lehre weltweit Gläubige aus unterschiedlichsten Gesellschaftsschichten für die Kranken zu beten. Es gab eine Zeit, da dachte ich, dass das Gebet für die Kranken nur für Fortgeschrittene im Glauben ist! Solange ich an dieser Auffassung festhielt, sah ich wenige, sehr wenige Menschen, die geheilt wurden. Aber Heilung ist einfach, wenn wir zum einen seine Gnade verstehen und zweitens mit dem Heiligen Geist zusammenarbeiten.

Bevor wir eintauchen, lass mich dir zwei Zeugnisse mitteilen.

Ich war in Punjab, Indien und unterrichtete junge Gläubige über den Heiligen Geist und das Gebet für Kranke. Die meisten von ihnen waren vorher Hindus und erst weniger als einen Monat gläubig. Nach dem inspirierenden Training sandten wir sie in ihre Dörfer zurück.

Ein junger Mann, der bei dem Training dabei war, saß auf einer Mauer in seinem Dorf und unterhielt sich mit seinem Freund. Plötzlich hörte er die Stimme des Heiligen Geistes: „Geh in dieses Haus. Dort ist eine alte Frau, die von Dämonen besessen ist. Bete für sie." Er reagierte sofort und ging an die Tür und klopfte. Nach kurzer Nachfrage traf er eine ältere Frau, die komplett taub war. Er betete und befahl dem Dämon zu weichen. Augenblicklich fiel sie zu Boden, wie ein Sack Kartoffeln. Sie sah aus wie tot und er stand nur da und war geschockt. Innerhalb weniger Minuten stand sie wieder auf und konnte perfekt hören!

Ein anderer junger Mann spielte mit seinen Freunden Kricket. Während des Spiels sah er einen jungen Mann, der einen Tumor in der Größe einer Walnuss an seinem Hals hatte. Er sagte: „In Jesu Namen kann ich das beseitigen." Verwundert antwortete der Junge: „Wie?" „Lass mich nur für dich beten und du wirst sehen." Er legte seine Hand auf die Geschwulst und betete. Der Tumor war verschwunden, als er die Hand wegnahm!

Viele Gläubige würden in so einer Situation sagen: „Was, wenn nichts geschieht?“ Auch wenn nichts geschieht, hast du nichts verloren! Denke an all die vielen Gräber von Menschen, die unzählige Dollars zu Ärzten und Spezialisten getragen haben. Wollen wir das Gesundheitssystem verbannen? Nein. Wir wollen es nur unterstützen. Der Heilige Geist wird dich lehren und trainieren, während du Schritte im Glauben machst. Wenn du versagst, hast du die Chance es besser zu machen!

Den Vater und den Sohn ehren

Wir müssen das ehren und respektieren, was der Vater und der Sohn bereits getan haben. Der Heilige Geist macht nichts Neues. Es war schon immer sein erstes Bestreben Jesus zu verherrlichen. (Johannes 16,14). Wie verherrlicht er Jesus? Er , was Jesus getan hat.

Der Vater hat bereits jede Krankheit, die Menschen je befallen könnte, auf Jesus gelegt (Jesaja 53,10). Jeder Schmerz, jede Krankheit, jedes Leid und jedes Übel fand in Jesus sein Ende. Die wörtliche Übersetzung von Jesaja 53,10 aus dem Hebräischen lautet: *„...er machte Ihn krank...“*. Der Vater war nicht krank, noch gab es Krankheit im himmlischen Reich. Der Vater nahm all unsere Krankheiten und Schmerzen und warf sie auf seinen Sohn. Soweit es den Vater betrifft, ist alles getan.

Jesus trug bereits alle Krankheit, Schmerzen und Leiden (Jesaja 53,4; Matthäus 8,17). Er trug tatsächlich unsere Krankheit. Er litt nicht aus Sympathie mit uns, als ob er sagen will: „Ich weiß, wie schwer es ist...“ Es war ein

Austausch. Er trug sie, damit wir sie nicht tragen müssen. Soweit es Jesus betrifft, ist jede Krankheit ausgerottet.

Den größten Fehler, den Gläubige machen können, ist, dass sie das vollbrachte Werk des Vaters und des Sohnes ignorieren. Überall auf der Welt bitten die Gläubigen den Vater und den Sohn, das zu tun, was schon längst erledigt ist. Gott um etwas zu bitten, was er bereits getan hat, ist Unglaube. Wenn du um etwas bittest, was du bereits besitzt, dann wirst du aufgrund deines Unglaubens keine Antwort bekommen. Es ist Glaube notwendig, um das zu empfangen, was Gott uns zur Verfügung stellt. Wir müssen mehr von dem vollbrachten Werk Gottes überzeugt sein, als von den körperlichen Manifestationen der Krankheit.

Ich habe für Tausende Menschen gebetet. Ich habe Hunderte Wunder und Tausende Heilungen gesehen. Als ich für diese Menschen gebetet habe, habe ich nie den Vater und Sohn gebeten, sie zu heilen. Warum? Weil er es bereits getan hat.

Hand in Hand mit dem Geist

Lade die Gegenwart, die Person und die Kraft des Heiligen Geistes ein. Nimm dir einen Moment Zeit. Werde dir seiner mehr bewusst als des Problems, dem du gegenüber stehst. Sage ihm, dass du ihn liebst. Sage zu ihm: „Heiliger Geist, ich möchte nicht ohne dich beten. Lass uns zusammen Spaß haben!"

Dann, lege 1. einfach deine Hand auf die betroffene Stelle, 2. setze seine Gegenwart durch Glauben frei indem du sagst: „Heiliger Geist, lass deine heilende Gegenwart und Kraft jetzt fließen." Und 3. befiehl dem Schmerz, der Krankheit, dem Tumor, dem Teufel, usw. zu weichen: „Krankheit und Schmerz, du Geist der Schwäche, fahre jetzt aus diesem Körper aus!" und 4. danke Gott für das, was er getan hat.

Wirst du Gott danken, weil der Schmerz gerade verschwunden ist? Das kannst du natürlich machen. Aber das ist nicht der Schwerpunkt des Dankes. Du solltest Gott dafür danken, dass er unsere Krankheit und unsere Schmerzen vor 2000 Jahren mit ans Kreuz genommen hat. Wenn du Gott für die Dinge dankst, die du gerade erlebt hast, dann kann das auch schnell Unglauben auslösen. Was ist, wenn die Schmerzen 20 Minuten später zurückkommen? Wirst du dann immer noch danken? Du wirst vielleicht sagen: „Ich dachte, ich sei geheilt, aber jetzt bin ich mir da nicht mehr sicher!" Aber wenn du dich auf den Sieg Jesu am Kreuz ausrichtest, dann wirst du immer einen Grund haben, Gott zu danken und dein Glaube wird nicht erschüttert.

So einfach ist das.

- Lege deine Hand auf, damit die Gegenwart des Heiligen Geistes freigesetzt wird.
- Glaube, dass seine Gegenwart und Kraft durch dich fließt und mit dir zusammenarbeitet.
- Gebiete der Krankheit und/oder dem bösen Geist!
- Danke Gott!

Gibt dir der Heilige Geist ein Wort der Weisheit, ein Wort der Erkenntnis oder die Unterscheidung der Geister dann gib es weiter! Bei dem Gebet um Heilung geht es um Beziehung und nicht um eine Liturgie.

Dämonen austreiben

Einer der größten Gegensätze der westlichen Kirche zur Bibel zeigt sich in der Austreibung von Dämonen. Wo immer Jesus war, trieb er Dämonen aus, besonders in der „Kirche“ (Markus 1,39)! Der Teufel agiert am besten durch Verwirrung und Unkenntnis, und er ist sehr erfolgreich darin, sich in vielen Gottesdiensten zu verstecken!

Während meiner internationalen Flüge rede ich viel mit anderen Passagieren. Oft werde ich gefragt: „Was arbeiten Sie?“ Du kannst dir die Blicke vorstellen, wenn ich sage: „Oh, ich treibe Dämonen aus. Davon lebe ich.“ Hihi.

Weißt du, dass es das erste Zeichen eines Gläubigen war, Dämonen auszutreiben (Markus 16,17)? Es sollte normal sein, dass wir Dämonen mit Christus konfrontieren und sie austreiben und nicht eine wilde Geschichte, die wir uns in charismatischen Kreisen erzählen.

Mindestens 50% der Heilungen, die ich beobachtet habe, geschahen durch Dämonenaustreibung. Wenn das für den Körper stimmt, dann können wir daraus schließen, dass mindestens 50% aller emotionalen, geistigen und geistlichen Krankheiten, sowie Beziehungsprobleme auch durch Dämonen hervorgerufen werden. Wenn wir den Schizophrenen und den vergewaltigenden Mörder als dämonisch belastet verurteilen, aber den Gläubigen neben dir in der Kirchenbank als normal betrachten, ist das der erste Fehler, den Gläubige machen. Ebenso wie körperliche Erkrankungen eine ganze Reihe von unterschiedlichen Symptomen und Schwere haben, trifft das auch auf den dämonischen Einfluss zu. So wie jemand eine Erkältung, Rückenschmerzen oder Sodbrennen haben kann und dabei doch recht gesund aussieht, kann jemand durch Dämonen beeinflusst oder gepeinigt werden und dabei „normal" aussehen. Nur weil jemand nicht erbricht, mit teuflischen Stimmen spricht oder seine Augen nicht nach hinten rollt, bedeutet das nicht, dass er nicht von Dämonen beeinflusst wird.

Furcht, Angst, Groll, Ärger, Lust, Depression, Scham oder Verdammnis sind klare Zeichen der Gegenwart von Dämonen. Hat jede ängstliche Person einen Dämon? Nein, nicht notwendigerweise. Aber ich verspreche dir, es sind mehr Menschen dämonisiert als man denkt! Die Frage, ob ein Dämon ausgetrieben werden muss oder nicht, beantwortet das Evangelium selbst (Matthäus 10,8). Wenn wir Lust, Furcht und Verdammnis mit Christus konfrontieren, werden wir oftmals einer versteckten Macht begegnen. Treibe sie einfach aus!

Der zweite große Fehler, den Gläubige machen, ist zu glauben, dass Christen nicht dämonisiert sein können. Ich bin nicht hier, um über Begriffe zu streiten und ehrlich gesagt ist das auch nicht wichtig. Ob ein Dämon in, auf oder um einer Person ist, oder jemand beeinflusst, kontrolliert wird, dämonisiert oder dämonisch besessen ist – gebrauche die Begriffe wie du willst – der Punkt ist, die Person braucht Hilfe! Erlaube nicht, dass deine Theologie Gleichgültigkeit und Nachlässigkeit unterstützt! Jesus befahl uns Dämonen auszutreiben (Matthäus 10,8; 28,20), weil es ihm um die Menschen geht und er möchte, dass sie in Freiheit leben. Akzeptiere nur eine Theologie, die Christus widerspiegelt, nicht die einer toten Religion!

Dämonische Aktivitäten identifizieren

Nicht jedes Gefühl kommt vom Feind. Nicht jede Sünde wird von einem Dämon verursacht. Nicht jeder böse Gedanke ist vom Teufel, aber viele sind es. Ein einfacher Weg, um dämonischen Einfluss zu erkennen, sind stetige, wiederkehrende, negative Gedanken, Gefühle und Begierden, die nicht einfach verschwinden, wenn man sich dagegen wehrt, die sehr stark beeinflussen und zeitweilig die Kontrolle übernehmen. Auch Flüche und geistliche Hindernisse können von Dämonen stammen und verstärkt werden, wie zum Beispiel die Unfähigkeit gedanklich und emotional mit Gott Verbindung aufzunehmen, die Unfähigkeit sich auf das Gebet zu konzentrieren, beim Bibellesen oder Gebet einzuschlafen und die Unfähigkeit, Gottes Verheißungen zu glauben und sich darüber zu freuen.

Ein Dämon ist ein Geist, der eine Seele (Verstand, Wille und Gefühl) besitzt, aber er hat keinen Körper, um physisch in Erscheinung zu treten. Ein Dämon projiziert seine Gedanken, Gefühle und Begierden auf dich. Deine Zustimmung erlaubt es dem Dämon, sich in deinem Körper „einzunisten". Viele Menschen realisieren nicht, dass einige der Gedanken, Gefühle und Begierden, die sie seit ihrer Kindheit haben, nicht einmal ihre eigenen sind! Der erste Schritt ist, diese zu identifizieren und die Seele eines Dämons von der Seele der Person abzugrenzen.

Der Kampf ist bereits gewonnen

So wie der Vater und der Sohn der Krankheit die Macht genommen haben, so haben sie auch den Teufel vollständig besiegt und er hat kein Anrecht mehr uns zu quälen. Wir müssen das vollendete Werk am Kreuz respektieren und darauf vertrauen.

Der Vater hat uns bereits aus dem Reich Satans befreit (Kolosser 1,13). Ein Königreich wird nicht nur durch den König, sondern von seinem ganzen Herrschaftsbereich repräsentiert. Der Vater hat uns auch aus dem Herrschaftsbereich Satans befreit. Jesus hat den Teufel vollständig entmachtet und wirkungslos gemacht (Hebräer 2,14). Er hat ihn und sein ganzes Heer besiegt (Kolosser 2,15) und seine Werke zerstört (1. Johannes 3,8).

Wir müssen von dem vollbrachten Werk Gottes überzeugt sein, mehr als von jeglicher Manifestation von Satans Königreich. Das ist der Ort von wahrem Glauben, Vertrauen und Frieden.

In der Gegenwart Gottes gebieten

Genauso wie wir für die Kranken beten, tun wir es auch für die vom Teufel Geplagten. Lade den Heiligen Geist ein, der in dir wohnt. Die Gegenwart des Heiligen Geistes deckt die Werke des Feindes auf. Sei dir der Gegenwart des Heiligen Geistes mehr bewusst als aller dämonischen Mächte. Dann gebiete (1) der Manifestation der Finsternis und (2) der Wurzel, dem Geist, der hinter dieser Manifestation steht, die Person zu verlassen. Wenn die Person zum Beispiel durch Furcht und Depression gequält wird, bete: „Heiliger Geist komm. Lass den Strom deines Friedens und deiner Freude fließen. Ich liebe dich, Heiliger Geist. Offenbare jetzt deine Gegenwart und Kraft. In Jesu Namen spreche ich zur Furcht und zur Depression und zu dem Geist der Furcht und der Depression. Du kannst nicht länger in dieser Person bleiben. Ich binde dich und verbiete dir, diese Person zu plagen. In Jesu Namen treibe ich dich aus. Komm heraus! Heiliger Geist, offenbare deine Gegenwart, Frieden und Freude. In Jesu Namen, Strom des Friedens und der Freude, fließe."

Wenn der Zustand anhält oder sich verschlechtert, fahre fort in Autorität zu gebieten und sprich bestimmt, ohne zu schreien. Bitte die Person mit dir übereinzustimmen. Lass die Person deine Befehle mit autoritärer Stimme nachsprechen. Es ist einfacher, als du denkst.

Vergiss nicht, die Gegenwart des Heiligen Geistes freizusetzen, nachdem du dem Geist geboten hast zu weichen. Lass den Strom seiner Gegenwart durch dich fließen, damit er die Bereiche ausfüllt, wo vorher Dunkelheit war.

Wenn Befreiung geschieht, verspüren die meisten Menschen eine Leichtigkeit in ihrem Körper, gewöhnlich im Brust- oder Bauchbereich, und sie erfahren Frieden, Freude und Klarheit in den Gedanken. Meist erleben sie einfach die Gegenwart des Herrn. Oft spüren sie eine „Leere" in sich, dort wo der Dämon in ihnen gewirkt hat. Manchmal kann die Person nicht definitiv sagen, was sich verändert hat, aber es ist offenkundig, dass sie befreit wurde.

Abschließende Gedanken

Im Geist zu dienen macht Spaß und ist ein Lebensstil. Du musst kein Schofarhorn oder Salböl mitbringen. Du hast ihn. Er ist mehr als genug. Leben im Geist ist einfach, erfüllend und macht Spaß. Wir sind in einem Lernprozess und wir lernen am besten auf dem Weg. Habe keine Angst, es einfach auszuprobieren! Juble über Siege! Gestatte ihm, dir bei Niederlagen Dinge zu zeigen, die du besser machen kannst. Lass das Kreuz Christ im Zentrum deines Herzens sein.

Bete mit mir:

> Heiliger Geist, ich bitte dich meine Welt auf den Kopf zu stellen. Gib mir deine Leidenschaft, dein Erbarmen und deine Liebe für die Nationen, meine Nachbarn, meine Freunde und meine Familie. Brenne in mir, und mach mich zu deiner Ehre zu einer Feuerflamme. Ich möchte ein neues Leben beginnen – ein Leben in dem du, deine Gegenwart, deine Person und deine Kraft das eigentliche Zentrum sind. Heiliger Geist, befreie mich von aller Religiosität und ersetze sie durch eine lebendige Beziehung zu dir. Ich übergebe mich dem Strom. Fließe durch mich zu dieser zerbrochenen, kranken und verletzten Welt. Stille deine Leidenschaft durch mich. Ich liebe dich!

10

RAUS AUF DIE STRASSE

Tauche in das Abenteuer ein

Ich möchte ein Abenteuer mit dir teilen, das ich unternahm, um das Evangelium zu verkünden. Diese Geschichte wird vielleicht deine Sicht auf den Dienst erweitern und die Religiosität in dir herausfordern.

Es war kurz vor der jährlichen Esoterikmesse in Kansas City. Ich verspürte ein großes Bedürfnis, den Verlorenen die außerordentliche Größe des Heiligen Geistes zu demonstrieren. Das Evangelium ist nicht dazu da, damit wir es hinter Kirchenmauern verbergen, sondern es ist für die Straße. Wir sollten nicht erwarten, dass die Verlorenen in unsere Gebäude kommen, um nach Antworten zu suchen. Jesus befahl uns zu gehen (Matthäus 10,7+8; Markus 16,15).

Licht strahlt in der Dunkelheit am hellsten und Gnade ist größer als Sünde (Römer 5,20). Wir müssen das Böse, die Sünde oder den Satan nicht fürchten, denn Jesus hat uns Immunität und Autorität gegeben (Lukas 10,19).

Also habe ich den Veranstalter der Esoterikmesse angerufen, der mir mitteilte, dass alle Messestände bereits vergeben waren und es auch noch eine Warteliste mit Interessenten gab! Ich wollte aber auf jeden Fall dabei sein, also betete ich. Sofort antwortete mir der Heilige Geist: „Du wirst einen Stand auf diesem Event bekommen."

Drei Tage vor dem Event rief ich den Veranstalter wieder an und er sagte: „Sehr merkwürdig, dass Sie jetzt anrufen. Wir haben heute eine Absage für einen Stand bekommen und niemand anders will ihn. Sie können den Stand haben." Ich erwiderte: „Oh, ich wusste, dass ich einen Stand bekommen würde, denn mein Geistführer hat mir das bereits vor zwei Wochen gesagt!" Ich erzählte ihm, dass ich ein Channeler[3] wäre, der die Heilungsenergie von seinem Geistführer bekommt.

Grant Braaten von der *Reality House Church* ging mit mir. Ich trug meine traditionelle indische Kleidung, und an unserem Stand konnte man meine Vita lesen:

> Robert Prakash reist viel in Indien. Er lehrt und unterrichtet Menschen, wie man Heilungsenergie empfängt und freisetzt. Durch die enge Verbindung mit seinem Geistführer ist Robert hellsichtig. Er kann das Übersinnliche hören und spüren und so die Ursachen von verschiedenen körperlichen,

3 Anm. d. Ü.: Jemand, der ein Kanal für eine geistige Macht ist

emotionalen und geistlichen Krankheiten herausfinden. Er hat den Master-Guru-Status (Meistergrad) erreicht und wird weltweit eingeladen um über Tausenden von Zuhörern Energie freizusetzen.

Verschiedene Wörter, dieselbe Bedeutung

„Hallo! Hast du Schmerzen in deinem Körper oder ein körperliches Leiden? Wir sind Channeler und wir können Heilungsenergie in deinen Körper leiten und dich heilen. Es ist kostenlos. Hast du Interesse?“

Dies war die häufigste Einladung an die, die unseren Stand ansteuerten oder an ihm vorbeikamen. Sie fragten dann meist: „Wie heilt ihr genau?“ Wir erwiderten: „Wir laden die Gegenwart und die Kraft unseres Geistführers ein und channeln seine Heilungsenergie, meist indem wir die Hände auflegen. Während des Channelns der Energie spreche ich mit meinem Geistführer in verschiedenen Sprachen, denn ich spreche fließend Hindi, Urdu und Sanskrit.“

Einige fragten: „Ist das Reiki?“ (Reiki ist eine japanische Form des Channelns von Energie). Wir erwiderten: „Nein. Wir leiten keine menschliche Energie weiter, sondern die Heilungsenergie des Allerhöchsten. Neugierig fragten sie: „Wie lange wird das dauern?“ Wir sagten: „1-2 Minuten.“ Geschockt erwiderten sie: „Das ist alles? Wow! Das ist schnell!“ Mit einem strengen Blick sagte ich: „Ja, denn unser Geistführer ist sehr mächtig!“

- Was ist ***Channeling***? Es bedeutet den Strom eines Geistes durch sich fließen zu lassen und ihn so freizusetzen. Für uns Christen ist die Lehre des Händeauflegens ist die Grundlage (Hebräer 6,1-2), um die Gegenwart und Kraft des Heiligen Geistes freizusetzen.
- Was ist ein ***Geistführer***? Es ist ein Geist, von dem du persönlich abhängig bist und der dir Dinge zeigt und dich leitet. Der Heilige Geist ist unser Geistführer (Johannes 16,13).
- Als ***Transzendent*** (übernatürlich) gilt, was sich außerhalb unserer normalen Wahrnehmungsfähigkeit befindet. Es sind die Dinge, die sich über unserer Erfahrungswelt befinden, die erhöht, unübertrefflich und außerordentlich sind. In gewisser Weise meint transzendent heilig.
- ***Übersinnlich*** bedeutet, sensibel gegenüber geistlichen, übernatürlichen Kräften zu sein. Können wir übersinnlich im Heiligen Geist sein? Das ist genau, worum es bei Worten der Erkenntnis, der Prophetie und der Geisterunterscheidung geht. Im Geist wandeln (Galater 5,16 + 25; Römer 8,4) bedeutet, sensibel oder übersinnlich im Heiligen Geist zu sein.

Wenn wir für die Kranken auf der Esoterikmesse beten, sagen wir: „Geist der Wahrheit, wir laden deine Gegenwart und Kraft ein. Heilungsenergie fließe jetzt in seinen / ihren Körper. (Dann sagte ich in Hindi:) In Jesu Namen befehle ich den Schmerzen und der Ursache dieser Schmerzen zu gehen."

Denn obwohl ich allen gegenüber frei bin, habe ich mich allen zum Sklaven gemacht, damit ich so viele wie möglich gewinne. Und ich bin den Juden wie ein Jude geworden, damit ich die Juden gewinne: denen, die unter Gesetz sind, wie einer unter Gesetz — obwohl ich selbst nicht unter Gesetz bin —, damit ich die, welche unter Gesetz sind, gewinne: denen, die ohne Gesetz sind, wie einer ohne Gesetz — obwohl ich nicht ohne Gesetz vor Gott bin, sondern unter dem Gesetz Christi —, damit ich die, welche ohne Gesetz sind, gewinne. Den Schwachen bin ich ein Schwacher geworden, damit ich die Schwachen gewinne. Ich bin allen alles geworden, damit ich auf alle Weise einige rette.

1. Korinther 9,19-22

Manche Gläubige sind zu „christianisiert“ oder zu „religiös“, um einfache geistliche Gespräche mit Ungläubigen zu führen. Der Apostel Paulus versuchte immer das Evangelium in die jeweilige Kultur zu tragen. Es ging ihm nicht um seine Tradition oder seine Herangehensweise an den Glauben, sondern er übersetzte das Evangelium in jeden kulturellen Kontext. (Paulus gebrauchte das griechische Wort *theos* für Gott, das auch für zahlreiche griechische Götter stehen könnte.)

Zeugnisse

„Heiliger Strohsack! Heiliger Strohsack!“

Eine Dame namens Janet kam zu unserem Stand, nachdem ihr Mann und ihre Mutter spontan geheilt wurden. Sie hatte seit 20 Jahren chronische Nacken- und Rückenschmerzen. Wir beteten: „Geist der Wahrheit, wir laden deine Gegenwart und Kraft ein. Heilungskraft fließe jetzt in ihren Nacken und Rücken. Ich befehle diesen Schmerzen zu verschwinden! Sei geheilt!“

Als sie fast umfiel, griff sie nach meinem Arm, um sich festzuhalten und schrie: „Heiliger Strohsack! Heiliger Strohsack! ….. HEILIGER STROHSACK!“ Menschen, die vorübergingen blieben stehen und starrten uns an. An Händen und Armen zitternd, saß sie auf einem Stuhl. „Alle Schmerzen sind weg! Heiliger Strohsack! Alle meine Schmerzen sind weg!“

Nachdem sie sich beruhigt hatte, schaute ich in ihre Augen und sagte: „Der Geist, den wir gechannelt haben und der dich geheilt hat, ist der Geist von Jesus. Jesus liebt dich, und deshalb hat er dich geheilt. Jesus ist auf diese Welt gekommen und hat alle unsere negativen Energien und Sünden auf sich genommen Er starb an unserer Statt, stand von den Toten auf und ist wieder zurück in den Himmel gegangen. Möchtest du an Jesus glauben und ihm vertrauen?“ Mit tränenüberströmendem Gesicht sagte sie Ja und wir beteten mit ihr.

„Begabt und gesegnet"

Eine andere Dame mit Namen Sasha schaute wegen des kostenlosen Angebots, gechannelt zu werden, an unserem Stand vorbei. Sie hatte seit 16 Jahren Nacken- und Rückenschmerzen. Nachdem wir zweimal Energie gechannelt hatten, war sie komplett geheilt! Sie schrieb auf ihr Zeugnisblatt: „Ich fühlte mich wunderbar, reine Energie floss durch meinen Körper, und die Schmerzen im unteren Rücken waren zum ersten Mal nach 16 Jahren verschwunden. Diese Jungs sind begabt und gesegnet."

„Ewig dankbar"

Karsten kam mit einer Handgelenksbandage an unseren Stand. Ich sprang hinter unserem Tisch hervor und fragte ihn: „Hast du Schmerzen in deinem Handgelenk?!" Erstaunt über meine forsche Art, antwortete er schüchtern: „Ja, ich habe zahlreiche Verletzungen von der Gymnastik und dem Sport, den ich getrieben habe. Mein Handgelenk schmerzt ständig." Ich fragte: „Wie stufst du deine momentanen Schmerzen auf einer Skala von 1 bis 10 ein?" Er meinte es wäre eine 9! Ich bat ihn, die Bandage abzunehmen und nahm sein Handgelenk in meine Hände. Nach der Freisetzung der Heilungsenergie sagte er, die Schmerzen wären vom Handgelenk in die Schulter gewandert. Dann sagte ich: „Ich befehle diesem gesamten Schmerzkomplex jetzt zu weichen." Die Schmerzen verschwanden sofort und er war geheilt! Er schrieb auf sein Zeugnisblatt: „Handgelenksschmerzen sanken von 9 auf 0. Wunderbar! Danke euch! Ewig dankbar!"

Totale körperliche Runderneuerung!

Lori (45) kam an unseren Stand mit diversen Nöten. Sie bat um Heilungsenergie für Fibromyalgie, Migräne, chronische Kiefer- und Nackenschmerzen und eine unheilbare Lungenerkrankung. Sie hatte ständig Schmerzen, die sie mit der Stärke 8 von 10 beschrieb. Ich legte meine Hand auf ihren Nacken und Rücken und sagte: „Geist der Wahrheit, ich lade deine Gegenwart und Kraft ein!" Sofort begann der Heilige Geist zu arbeiten. Ich konnte spüren, wie seine Kraft durch mich floss. Meine Hände und Arme und mein ganzer Körper begannen zu kribbeln und zu zittern, als die Energie durch mich floss. Die Kiefer-, Nacken- und Migräneschmerzen verschwanden sofort, ebenso die durch die Fibromyalgie ausgelösten Muskelschmerzen. Ihre Lungen wurden frei und das pfeifende Geräusch beim Atmen war weg. Sie war komplett geheilt, und alle Symptome waren verschwunden!

Befreiung von Dämonen

Wir wussten, dass wir früher oder später auf eine dämonische Belastung treffen würden. Allie war 41 und kam mit zwei Freundinnen an unseren Stand. Sie beobachtete, wie ihre Freundinnen spontan geheilt wurden. Als sie an der Reihe war, sagte sie: „Ich habe keine körperlichen Probleme, aber ich werde von negativen Energien gequält." Sie sah sehr verwirrt aus und wie so viele hier suchte sie auf dieser Esoterikmesse genau am falschen Ort.

Wenn sie das Licht von Jesus nicht sehen, denken sie, dass ihre Finsternis der normale Zustand ist!

Als ich den Geist der Wahrheit einlud, fing sie sofort zu zittern an, sie schüttelte sich und fiel auf ihre Knie. Ihr Kopf bewegte sich ruckartig auf und ab. Ihre Finger wurden wie Klauen und ihr ganzer Körper schüttelte sich. Ich dachte: „Oh, das kann schlimm werden!" Nachdem ich schon in Indien Dämonen begegnet bin, wusste ich, dass das eine hässliche Szene geben könnte! Ich kniete mich hin, legte meine Hand auf ihre Schulter und befahl: „Ihr bösen Mächte, kommt jetzt in Jesu' Namen aus ihr heraus! Ich verbiete euch weiter in ihr zu bleiben. Verlasst sie und kommt jetzt aus ihr heraus!" Ich signalisierte Grant, dass er mit mir beten sollte. Wir beteten für zwei Minuten auf diese Weise, dann verließen die Dämonen ihren Körper. Sie stand auf und zeigte alle Anzeichen einer Befreiung. Ich sah sie an und sagte: „Der Geist, den wir übertragen, ist mächtiger als die bösen Geister, die dich gequält haben. Aber sie werden versuchen wieder zurück zu kommen. Jesus ist die einzige Person, die dich bewahren kann. Der Geist, den wir weitergeben, ist der Geist von Jesus. Jesus kam vor 2000 Jahren auf die Erde…." und ich predigte ihr das ganze Evangelium. Mit Tränen in den Augen betete sie und empfing Jesus als Erlöser!

Reiki-Meister durch Jesus geheilt

Ein Ehepaar kam an unseren Stand und interessierte sich für unsere „Methode". Jim, ein Reiki-Meister, begann Fragen zu stellen: „Seid ihr Reiki-Heiler?" Ich antwortete: „Nein. Wir machen hier kein Reiki. Menschliche Energie ist sehr viel schwächer als die Energie, die wir channeln. Wir channeln die Energie des Allerhöchsten." Er zögerte unser Angebot für sich in Anspruch zu nehmen, bat uns dann aber doch für seine Schulter- und Knieschmerzen um Hilfe.

Wir legten unsere Hände auf seine Schulter und das Knie und luden die Person, die Gegenwart und die Kraft des Geistes der Wahrheit ein. Schockiert stand er auf, er war spontan geheilt! Er sagte: „Alle meine Schmerzen sind verschwunden."

Seine Frau Nancy hatte auch Schmerzen. Ihre Rücken- und Beinschmerzen verschwanden nach Freisetzen der Gegenwart des Heiligen Geistes innerhalb von Sekunden. Begierig wollten sie mehr über die Energie wissen, die wir channeln. Wir notierten ihre Mailadresse und gaben ihnen eine Audio-CD mit.

Diese kostenlose CD erhielt jeder, der an unserem Stand geheilt oder von Gott berührt wurde. Wir sagten ihnen: „Das ist eine Unterweisung darüber, wer unser Geistführer ist und wie du selbst seine Gegenwart und Energie empfangen und channeln kannst." Jeder nahm dankbar und voller Freude die CD mit. Auf der CD ist eine 36-minütige Botschaft über biblische Prinzipien, das Evangelium und mein Bekehrungszeugnis. Die CD endet mit einem Bekehrungsgebet, wodurch sie die Sache mit Jesus fest machen können.

Unbestreitbare Verbesserung

Mimi überwachte ehrenamtlich den Eingang zur Messe um sicherzustellen, dass jeder eine Eintrittskarte besitzt. Als ich von der Toilette zurückkam, sah ich sie mit ihrem rechten Arm in einer Schlinge. Ich lud sie an unseren Stand zu einem kostenlosen Heilungsgebet ein. Vor 40 Tagen hatte sie eine Schulter-OP und jetzt hatte sie immer noch heftige Schmerzen. Als ich sie fragte, wie stark die Schmerzen auf einer Skala von 0 - 10 wären, antwortete sie mit 9.

Ich setzte Gottes Heilungsenergie frei, aber ihre Schmerzen wurden nur ein wenig besser. Mehrmals betete ich für sie und ihre Schmerzen nahmen immer mehr ab, zuerst waren sie bei 7, dann bei 5,3,2,1 und dann schließlich bei 0. Nachdem ihre Schmerzen verschwunden waren, fragte ich sie: „Kannst du deine Schlinge abnehmen und den Arm testen?“ Sie nahm sie ab, hatte aber bei bestimmten Bewegungen immer noch Schmerzen. Ich betete wieder. Die Schmerzen nahmen wieder ab, und sie konnte ihre Schulter immer besser bewegen! Obwohl sie nicht 100% geheilt war, war sie über die spontane Verbesserung erstaunt!

„Werde ich eine neue Niere haben?!“

Eine junge Frau namens Kelsie kam zu unserem Stand. Als wir sie fragten, wofür sie Heilung bräuchte, nannte sie sofort viele Dinge: „Schulter- und Knieschmerzen, Migräne, Sinusitis[4] und die Nieren!“ Weil ihre Liste so lang war, fingen wir bei ihren akuten Schmerzen an. Sofort verschwanden all ihre Schulter-, Knie- und Kopfschmerzen. Sie schrie: „Das ist verrückt! Alle meine Schmerzen sind weg! Unmöglich!“ Dann fragten wir nach den restlichen Problemen. Sie sagte: „Ich habe auch Sinusitisbeschwerden.“ Sofort verspürte sie Erleichterung, nachdem wir Energie in ihre Sinusitis channelten. Sie war noch schockierter: „Das gibt es doch gar nicht!“

Ich fragte dann: „War da nicht noch etwas?“ Sie sagte: „Oh ja, meine Niere. Ich meine, ich habe nur eine Niere.“ Ich sagte: „Darum kümmern wir uns sofort. Ich sah, wie ein Junge geheilt wurde, der mit verkrüppelten Füßen zur Welt kam. Er konnt nie laufen und ist jetzt geheilt und läuft.“

Sie stand da, als wir unsere Hände auf ihren unteren Rücken legten. Sie spürte Hitze in dem Bereich, wo ihre fehlende Niere war. Neugierig fragte sie: „Werde ich eine neue Niere haben?!“ Sie drehte sich zu ihren Freunden: „Ich werde eine neue Niere bekommen!“

Nachdem wir für sie gebetet hatten, ging sie und brachte ihre ganze Familie und ihre Freunde an unseren Stand und erzählte, wie sie vollständig geheilt wurde und dass sie eine neue Niere bekommen wird!

4 Nasennebenhöhlenentzündung

Gnade über Gnade

Der Veranstalter der Esoterikmesse kam an unseren Stand und fragte nach unserem Ergehen. Er war überrascht, wie gefragt wir waren und hörte von den außergewöhnlichen Heilungen. Er bat ebenfalls um Heilung für seine chronischen Rückenschmerzen. Augenblicklich wurde auch er geheilt. Er war so ermutigt, dass er uns für das nächste Jahr wieder einlud. Er bat uns, eine Sendung für ihren Radiokanal aufzunehmen und einen Workshop auf einer ihrer monatlich stattfindenden Veranstaltungen, bei denen es um „Übernatürliches" geht, anzubieten!

Wir hatten bei unseren Gebeten für die Kranken eine 90% ige Erfolgsrate! Es hat so viel Spaß gemacht! Über neunzig Leute wurden nachweislich sofort geheilt und/ oder von Dämonen befreit. Etliche gaben ihr Leben Jesus und viel Samen wurde ausgestreut.

Ich fühlte mich durch das dämonische Milieu nicht beeinträchtigt, noch hatte ich Angst. Ich war mir bewusst, dass der Heilige Geist mit uns war und wir waren sensibel, was er uns sagte. Wenn du im Geist agierst, bist du auf einem höheren geistigen Level, wo die Mächte der Finsternis dich nicht angreifen können.

Verliebe dich in den Heiligen Geist, steige in das Abenteuer ein und schreibe zu seiner Ehre Geschichte! Er wartet auf dich!

Gebete, Proklamationen & Strategien

für

Shifting Atmospheres

Ob wir es wahrhaben wollen oder nicht, wir befinden uns jeden Tag in einem geistlichen Kampf und wir müssen die geistlichen Mächte erkennen und konfrontieren. Viele Menschen tolerieren den Einfluss dieser Mächte, die die geistliche Atmosphäre in unserem Umfeld beeinflussen. Als ein Kind Gottes, das mit dem Heiligen Geist erfüllt ist, bist du aufgerufen, diese Atmosphäre durch deine gottgegebene Autorität zu verändern! Basierend auf Dawna de Silvas Buch „Shifting Atmospheres“ wirst du in diesem Buch anhand von 90 Beispielen und Strategien dazu ermutigt die geistliche Atmosphäre in deiner Umgebung zu verändern.

Artikel-Nr. 3598552 | ISBN/EAN: 9783947454525 | Paperback | 200 Seiten

12,95 € | 19,90 CHF

Überwinde deine Ängste

Die übernatürliche Strategie, um in Freiheit zu leben

Furcht, Angst und Stress motivieren uns mehr als wir erkennen. Unser Bedürfnis, Situationen zu beherrschen, kann uns überfordern. Aber Gott hat uns eine biblische Strategie gegeben, um Angst, Stress und Panik zu bekämpfen. Mit praktischen und aktivierenden Schritten zeigt dir Dawna De Silva, Gründerin und Co-Leiterin des Bethel Sozo-Dienstes, wie du: · Ängste, Lügen und destruktive Muster in deinem Leben identifizieren kannst, die deine Beziehung mit Gott verhindern möchten. · Der Furcht widerstehen kannst, indem du über die Ursache Autorität übernimmst. · Heilung und Befreiung durch Gottes Wort und seinen Geist findest. Durch Gottes Kraft und Liebe, wirst du dich über die Angriffe des Feindes erheben und frei von Angst ein erfülltes, gesundes Leben führen. Du wirst die echte Heilung erfahren, die nur von Gott kommen kann.

Artikel-Nr. 3598554 | ISBN/EAN: 9783947454549 | Paperback | 230 Seiten

13,95 € | 21,50 CHF

Der Weg des Lebens

Bill Johnson, der Leiter der Bethel-Church in Redding/Kalifornien, schrieb dieses Buch nicht aus der Sicht eines Theologen, sondern als Teil einer historischen Bewegung Gottes, die die Nationen erobert hat.

Er lässt uns an Erkenntnissen teilhaben, die er aus über 40 Jahren Erfahrung als Pastor gewonnen hat, wie wir eine übernatürliche Umgebung aufrechterhalten können.

• Entwickle einen übernatürlichen „Treibhauseffekt", der die Welt um uns herum beeinflusst, indem wir die Werte des Königreichs praktizieren.

• Halte den Fluss von Gottes übernatürlicher Kraft in deinem Leben, deiner Familie und deiner Gemeinde aufrecht.

• Entwickle eine ganzheitliche Kultur, die Körper, Seele und Geist mit einbezieht, wo das Königreich einen spürbaren Einfluss auf jeden Bereich unseres Lebens hat.

• Baue durch Wertschätzung übernatürliche Beziehungen, in der jede Person in ihrer Einzigartigkeit einbezogen wird.

• Das vollendete Werk des Kreuzes ist deine Basis, denn du bist auf einer „Es ist vollbracht"-Theologie gegründet.

• Lebe in der Gegenwart des Heiligen Geistes, um die alltäglichen Situationen, in die Gott dich führt, zu verwandeln.

•Begib dich in unmöglich erscheinende Situationen und setze die übernatürlichen Lösungen von Jesus frei!

Artikel-Nr. 3598529 | ISBN/EAN: 9783947454297 | Paperback | 292 Seiten

13,95 € | 21,50 CHF

www.grain-press.de